FALKEN BÜCHEREI

W0343164

»Nein, gnädige Frau, der Herr Direktor lebt streng nach Diät – mittags ein Steak und jetzt abends serviert ihm das Mädchen noch Äpfelchen im Schlafrock!!!«

Georg Wilhelm

# Herrenwitze

FALKEN
VERLAG

*CIP-Kurztitelaufnahme der Deutschen Bibliothek*

**Herrenwitze** / *von Georg Wilhelm. – Niedernhausen/Ts.: Falken-Verlag, 1982.*
*ISBN 3-8068-0589-X*
*NE: Wilhelm, Georg [Hrsg.]*

ISBN 3 8068 0589 X

*© 1982 by Falken-Verlag GmbH, 6272 Niedernhausen/Ts.*
*Zeichnungen: Rudi Fäcke, Kurt Franke, Meyer-Press, Wolfgang Willnat.*
*Gesamtherstellung: DVG Darmstadt*

*817 2635 4453 62*

# Aus dem Inhalt

Ohne Worte

# Vorwort

*König Eduard III. von England soll um das Jahr 1350 herum auf einem Ball das linke blaue Strumpfband seiner Geliebten, der Gräfin Salisbury, als es ihr entglitten war, blitzgeschwind vom Boden aufgenommen, dabei aber zufällig das Kleid der Gräfin mitgefaßt und etwas hochgehoben haben. Einigen Höflingen, die für Sekunden die wohlgeformten Beine der Dame sehen konnten und darüber ihre Scherze machten, habe der König im feinsten Hof-Französisch zugerufen: »Honi soit qui mal y pense!« (Schande über den, der Schlimmes dabei denkt). Und er habe hinzugefügt, er werde das blaue Strumpfband noch zu hohen Ehren bringen; worauf er den Hosenbandorden schuf, der bis auf den heutigen Tag die höchste Auszeichnung blieb, die eine britische Majestät verleihen kann.*
*Der Gentleman war vor 600 Jahren noch zu verwirren, wenn er bloß die zarten Fesseln einer schönen Frau sah. Aber auf Herrenabenden wagte er sich nach deftigem Gelage im alkoholgesättigten Gespräch schon weiter vor. Hinter hohler Hand erzählte man sich in den Clubs, die meist nur Männern vorbehalten waren, die ersten Herrenwitze, über die man herzlich lachte, eingedenk des königlichen Ausspruchs, daß man sich ja selbst bei den delikatesten Sachen nichts Schlimmes zu denken brauche. Man liebte es deftig und kräftig, aber auch schlitzohrig zart. Nur für Damenohren war damals jede Art von Witz tabu. Eine Lady blieb eine Lady.*

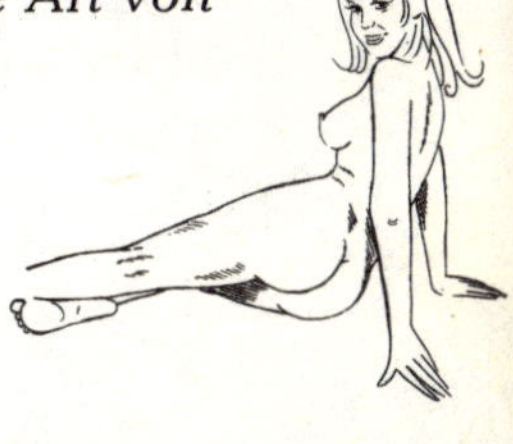

*Heute findet kaum einer noch etwas dabei, mal einen pikanten Herrenwitz im Beisein von Damen zu erzählen. Man ist im Atomzeitalter nicht mehr allzu prüde. Lesen Sie also mit Vergnügen dieses Buch und erzählen Sie die Witze, die Ihnen gefallen, weiter. Andere wollen ja auch mal lachen. Und wenn sich dann jemand verschämt abwendet, dem berichten Sie von dem blauen Strumpfband der Gräfin Salisbury und dem königlichen Werturteil:*
*Honi soit qui mal y pense!*

# Mit Liebe fängt das Leben an

*»Schatzi«, seufzte er aus den zerwühlten Kissen hervor, »ich liebe dich schrecklich!«*
*»Ja«, antwortete sie kühl, »das habe ich gemerkt. Aber ich hoffe, daß du es eines Tages noch lernen wirst!«*

*Ein Unternehmer ist in Ferien. Da telegrafiert seine Tochter:*
*»Assessor Bauch hat um meine Hand angehalten, was soll ich tun?«*
*Der Papa drahtet zurück: »Bauch hinhalten, bis ich zurückkomme!«*

*Inge hat bisher alle Freier abgewiesen und das entsprechend kommentiert. Nun versucht's auch Anton bei ihr.*
*Ein Freund trifft ihn hoch zu Roß.*
*»Reitest du denn zu Inge?« fragt der Freund.*
*»Na klar«, meint Anton. »Denn gehe ich zu ihr und bekomme einen Korb, sagt Inge: ›Den habe ich gehen lassen!‹ Fahre ich, meint sie: ›Den habe ich fahren lassen!‹ Nun, darum reite ich!«*

*»Ach, meine Gnädigste«, erkundigte sich der schüchterne junge Mann, als er das Mädchen zum zehnten Male nach Hause brachte, »würden Sie um Hilfe rufen, wenn ich Sie jetzt küßte?«*
*»Das«, meinte da die flotte Dame, »werden Sie doch wohl noch alleine schaffen?«*

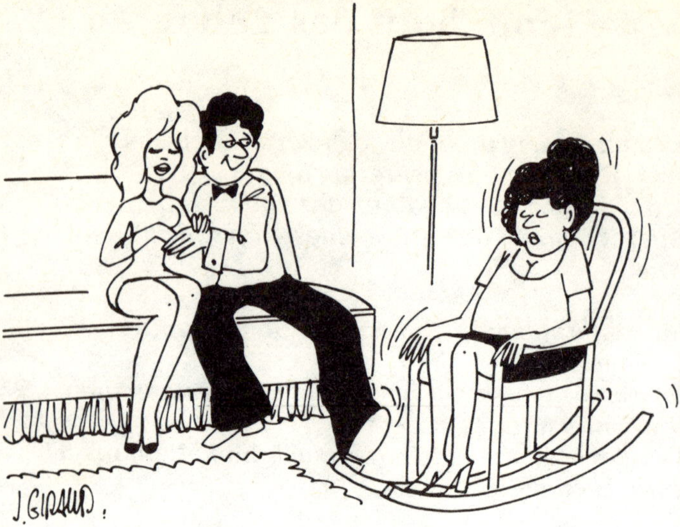


Ohne Worte

*Mit einer artigen Verbeugung fordert Peter eine junge Dame zum Tanz auf, tanzt leidenschaftlich, spricht aber nicht ein Wort. Nach dem zweiten Tanz packt er das Mädchen brutal am Arm und zieht es von der Tanzfläche. »Genug getanzt, komm auf meine Bude!«*
*Die junge Dame verpaßt Peter vor allen Leuten eine schallende Ohrfeige: »Sie Flegel, Sie! Sind Sie zu allen Mädchen so unverschämt?«*
*»Ja, warum?« fragt Peter.*
*»Dann bekommen Sie also laufend Ohrfeigen?«*
*»Teilweise ja«, gesteht Peter. »Aber im allgemeinen gehen doch mehr mit auf die Bude.«*

*»Ach, Liebster, es ist doch zu schön, heimlich verliebt zu sein, ohne daß die Leute es wissen . . . Du glaubst gar nicht, wie sehr meine Freundinnen mich beneiden!«*

*Reserl war das erste Mal mit einem Herrn ausgegangen.
Spät nachts kommt sie nach Hause.
Die Mutter fragt sie nach diesem und jenem und auch nach dem Beruf des Herrn.
»Nach dem Beruf«, sagt das Reserl, »habe ich ihn gar nicht gefragt. Aber entweder ist er Friseur oder er ist Pfarrer; denn als wir uns verabschiedeten, sagte er zu mir: ›Jetzt kommst du mir noch ungeschoren davon, aber das nächste Mal mußt du dran glauben.‹«*

*»Von wem läßt du dich lieber lieben, von einem alten oder von einem jungen Mann?« fragte die Freundin in einem intimen Gespräch.
»Mir ist das eigentlich ganz egal«, gesteht die Gefragte, »der alte braucht zwei Stunden, und der junge will zwei Stunden!«*

*»Guten Tag, Frau Fischer«, sagte der Herr an der Wohnungstür, »ich möchte Ihren Sohn zum Fischen abholen.«
»Ich habe keinen Sohn, sondern eine Tochter; und außerdem heiße ich Vogel.«
»Na ja, soo deutlich wollte ich es auch wieder nicht sagen . . .«*

*»Ein Mann mit einer scharfen Bügelfalte in der Hose ist auch im Bett scharf.«*
*»Ach, du meine Güte, ich bin heute mit Ulrich verabredet. Der trägt einen Schlapphut.«*

*Der reiche, unverheiratete Onkel läßt seine drei Neffen mit ihren Frauen kommen.*
*»Das erste Kind, das von euch geboren wird, ist Alleinerbe meines Vermögens!«*
*Da springt der Jüngste auf und sagt zu seiner Frau: »Rasch, Lisa, beeil dich!«*

*Klaus liebt eine Zwillingsschwester.*
*Fragt ihn sein Freund: »Wie hältst du die beiden Schwestern denn immer auseinander?«*
*»Ganz einfach«, sagt Klaus, »meine muß hinterher immer rauchen!«*

*Er hatte seine Freundin in den Wald gelockt. Nun lag sie, verliebt und nach ihm schmachtend, nur noch mit einer Armbanduhr bekleidet, neben ihm. »Liebste«, meinte der Verliebte da, »willst du nicht lieber deine Uhr ablegen. Sie könnte ja nicht stoßfest sein. . .«*

*Die Betriebs-Sexbombe hat ihren Urlaub in Schottland verbracht. Im Büro wollen ihre Kolleginnen wissen: »Haben die Schotten eigentlich alle diese komischen Dudelsäcke?«*
*»Nicht, daß ich wüßte«, antwortete die Rückkehrerin. »Die paar, die ich kennengelernt habe, hatten allesamt ganz normale!«*

# In den ersten Flitterwochen

*Die junge Frau ist gespannt auf die erste Nacht. Zu ihrer großen Enttäuschung geschieht nichts. Auch am zweiten Abend nicht. Am dritten Abend richtet sie sich im Bett wütend auf und sagt: »Wenn du heute nicht kommst, hole ich mir einen Mann von der Straße, aber einen richtigen.«*
*Meint der Ehemann strahlend: »Gute Idee – bring mir auch einen mit.«*

*Er war arm, und sie hatte auch nichts. Trotzdem heirateten sie.*
*»Von was werden wir leben?« fragte sie schüchtern.*
*»Von der Liebe. . . «, flüsterte er ihr zu.*
*Als er am Abend des ersten Tages ergebnislos und enttäuscht von der Arbeitssuche zurückkam, fand er seine junge Frau nackt auf der Heizung sitzend vor.*
*»Was machst du denn da?« fragte er.*
*»Ich wärme dir dein Abendbrot«, sagte sie errötend.*

*Gustav warnte Helmut: »Heirate sie nicht, die meisten Männer von Bonn haben schon mal was mit ihr gehabt.«*
*Und Helmut heiratete sie doch. Entschuldigt er sich bei Gustav: »Ich bin extra hingefahren – so groß ist Bonn ja wieder auch nicht. . .«*

*»Ich habe gehört, sie haben geheiratet.«*
*»Wieso kann man das hören?«*

*Ein jungverheiratetes Ehepaar wohnt in dem Gasthof eines kleinen Dorfes.*
*Gegen Mitternacht bläst der Nachtwächter vor ihrem Fenster.*
*Beide wachen auf.*
*Er: »Was ist das?«*
*Sie: »Der Nachtwächter! Er erinnert die jungen Eheleute an ihre Ehepflichten!«*
*Um ein Uhr kommt der Nachtwächter wieder. Und das wiederholt sich zu jeder Stunde.*
*Am anderen Morgen sucht der etwas erschöpfte Ehemann den Nachtwächter auf.*
*»Hier, mein Lieber, sind fünfzig Mark, wenn Sie in den kommenden Nächten nicht unter unserem Fenster blasen!«*
*»Keine Chance, mein Lieber« meint der Nachtwächter. »Bei mir war eben 'ne junge Frau, die hat mir 100 Mark geboten, daß ich möglichst laut unter dem gleichen Fenster wieder blase!«*

*»Wieviel Männer hast du vor mir geliebt?« fragt Egon sein hübsches Frauchen nach der Hochzeitsnacht. Die starrt vor sich hin und schweigt.*
*Da packt ihn die Reue: »Verzeih mir, ich wollte dich nicht kränken. Bist du nun beleidigt?«*
*»Aber nein, mein Schatz«, antwortete das Frauchen, »ich rechne nur nach.«*

Ohne Worte

*Sagt der junge Ehemann zu seiner Angetrauten: »Jetzt werde ich ein Buch nehmen und mich darin vertiefen.« »Oh, Männe«, haucht sie, »warum nimmst du ein Buch?«*

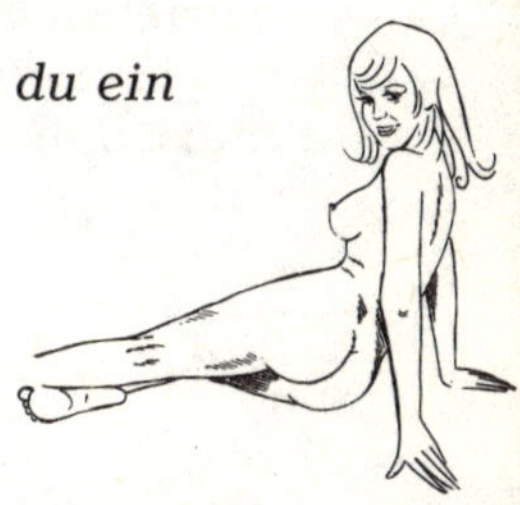

*Vater schenkt dem Sohn zur Hochzeit das berühmte Buch ›Die vollkommene Ehe‹. »Es steht alles drin – wie, was, wo und überhaupt, nur ist es sehr umfangreich.« Deshalb lehnt der junge Mann das Geschenk mit folgenden Worten ab: »Das ist mir viel zu dick zum Lesen, ich halte mich an die deutsche Grammatik, die Umstandswörter kann man wenigstens behalten: an, auf, hinter, vor und zwischen.«*

*Maier erfährt, daß seine Braut, die ihm ein Heiratsvermittler verschafft hat, bereits Mama gewesen ist.*
*Er begibt sich zu diesem und stellt ihn zur Rede: »Sie haben mir versichert, daß die Vergangenheit der Dame ohne Makel ist, und nun erfahre ich, daß sie von ihrem ersten Liebhaber ein Kind gehabt hat. . .!«*
*Der Heiratsvermittler beruhigt Maier: »Aber nun seien Sie doch vernünftig, es ist doch noch lange nicht sicher, daß der Liebhaber der Vater ist.«*

*»Nun, wie geht's im jungen Ehestand? Vertragen Sie sich mit Ihrem Frauchen?«*
*»Oh ja, alle Tage ein paarmal!«*

*Ein reicher Herr will eine Dame heiraten, über deren Vorleben er nichts weiß. Er holt also eine Auskunft über sie ein und liest: »Frau Bammel besaß einen ausgezeichneten Leumund, aber in letzter Zeit wird sie oft in der Gesellschaft eines recht zweifelhaften Individuums gesehen. . .«*

*Der Platz im Eheschlafzimmer ist zu klein für zwei Betten nebeneinander.*
*Der junge Ehemann stellt daher die Betten übereinander. Und er hört sein junges Weib »Dummer Hund« sagen.*
*Das ärgert ihn so sehr, daß er die Scheidung einreicht.*
*Der Scheidungsrichter fragt die Ehefrau gleich, wie sie dazu käme, den Ehemann einen dummen Hund zu nennen.*
*»Mein Mann«, sagt sie, »hat mich nicht aussprechen lassen. Ich wollte sagen: Tu ma unt oder tun ma oben?«*

*Hochzeitsnacht. Am Morgen schaut sich die frischgebackene Ehefrau ihren Mann noch einmal von oben bis unten an – und beginnt bitterlich zu weinen.*
*»Was ist denn los?« fragt er besorgt.*
*»Sieh nur«, schluchzt sie, »nun haben wir alles gleich in der ersten Nacht verbraucht. . .«*

*Auf der Hochzeitsreise. Das Paar hatte sich in einem Hotel einquartiert, das gleich gegenüber einer Kaserne liegt. Als in der Nacht der Posten bei der Ankunft eines Offiziers »Raus!« schreit, flüstert sie ihm zu: »Laß dich nicht stören, Peter, die haben dir gar nichts zu befehlen!«*

Der Herr war so freundlich, mich ein bißchen zu unterhalten, während ich auf dich gewartet habe, Liebling . . .

*Ein Konservenfabrikant hatte endlich seine Tochter unter die Haube gebracht. Bereits nach 14 Tagen gab es den ersten heftigen Krach, das verwöhnte Töchterlein kam nach Hause zurück und beschwerte sich weinend bei seinem Vater.*
*Der schickte die Tochter mit einem Brief zu ihrem jungen Ehemann zurück, der den Brief las und versöhnlich meinte: »Dein Vater hat recht. Wir wollen uns wieder vertragen!«*
*Der Vater hatte einen Musterbrief aus seiner Firma geschickt: »Angebrochene Büchsen können nicht zurückgenommen werden.«*

Hochzeitsnächte international.
Die ersten Worte der deutschen Braut am nächsten Morgen: »Heini, schläfst du noch?«
Die französische Braut: »C'est tout, chérie?«
Die Amerikanerin: »Do you feel better now?«
Und die Russin: »Iwan, lebst du noch?«

Junges Paar auf Hochzeitsreise. In der Hotelhalle fragt der junge Ehemann: »Wollen wir zuerst in unser Zimmer oder Abendbrot essen?«
Flüstert die junge Frau zurück: »Ich möchte dasselbe wie du, essen können wir ja später!«

»Na, wie fühlen Sie sich in der Ehe mit einem Künstler?«
»Prima. Mein Mann malt, und ich koche, und dann raten wir beide, was es sein soll.«

Ein Jungverheirateter begegnet, das eine Bein vor das andere staksend, einem Freund.
»Hat dich denn der Ehestand so angestrengt?« fragt ihn der Freund.
»Iwo – meine Frau hat mir nur die Unterhosen gestärkt.«

# Lustig ist das Eheleben

*Frage am Telefon: »Hallo, Liebling, soll ich heute abend mein neues Kleid anziehen?«*
*»Nichts wäre mir lieber!« meinte der Ehemann.*

*Eine Dame fragt ihren Arzt, ob es kein Mittel gebe, ihren Mann feuriger zu machen. Der Doktor nickt beruhigend, überreicht ihr ein paar Pillen und schärft ihr ein, nicht mehr als zwei Stück in den Kaffee zu tun, sonst sei die Wirkung zu stark.*
*Nach einigen Tagen erscheint die Dame völlig verstört wieder in der Praxis. »Die Wirkung war enorm, Herr Doktor«, berichtet die Dame. »Kaum hatte mein Mann den Kaffee getrunken, sprang er auf, riß sich die Kleider vom Leibe und dann meine. . .«*
*»Ist doch großartig«, freut sich der Doktor.*
*»Ja schon«, sagt die Dame, »aber in das Café können wir nicht mehr gehen!«*

*Die Frau liegt im Sterben. »Schwöre mir«, sagt sie zu ihrem Mann, »daß meine Nachfolgerin nie meine Kleider tragen wird!«*
*»So ein Quatsch«, tröstet der sie. »Erstens bist du nächste Woche wieder gesund, und zweitens ist sie viel kleiner als du.«*

*Zum silbernen Hochzeitstag lädt der Ehemann seine Freunde ein. Alle kamen, nur der Ehemann nicht. Man suchte ihn und fand ihn in der Kellerbar mit einer fast leeren Whiskyflasche in der Hand. Er starrte vor sich hin.*
*»Was ist denn los mit dir?« fragen die Freunde.*
*»Ach«, meint der Silberbräutigam, »als ich fünf Jahre verheiratet war, ging ich zum Anwalt und sagte ihm, ich würde meine Frau ermorden. Der Anwalt brachte mich davon ab, das koste zwanzig Jahre! Und Jungs – heute wäre ich ein freier Mann!«*

*Otto geht als Ehemann dicht hinter dem Sarg seiner Frau.*
*Daneben stolpert, ununterbrochen schluchzend, der Hausfreund.*
*Sagt Otto tröstend: »Geh, reg' dich nicht auf, ich heirat' ja wieder.«*

*Einige Wochen nach seinem Tod ist die Witwe bei einer spiritistischen Sitzung und sieht ihren Mann wieder. Hocherfreut fragt sie ihn, was er denn den ganzen Tag so treibe.*
*»Also, wir machen morgens Sex. Dann haben wir Mittagspause. Und nachmittags machen wir wieder Sex.«*
*»Was du nicht sagst«, staunt die Frau, »so hitzig geht es im Himmel zu?«*
*»Was heißt hier Himmel? Ich bin jetzt Kaninchen auf Sizilien!«*

*Der Herr Direktor und seine Frau Gemahlin machen an ihrem Hochzeitstag einen Ausflug auf einen Alpengipfel und nehmen ihr neunjähriges Töchterchen mit. Sie hört, wie Papa zu Mama sagt: »Erinnerst du dich noch? Vor zehn Jahren haben wir den gleichen wunderbaren Ausflug gemacht?«*
*Neugierig fragt die Kleine: »War ich da auch schon dabei?«*
*Antwortet der Vater: »Beim Hinaufsteigen noch nicht!«*

*Ein alter Ehemann versucht, seinem Neffen, einem eingefleischten Junggesellen, die Ehe schmackhaft zu machen.*
*»Du ahnst nicht«, sagt er, »wie schön ich es bei meiner Frau habe. Wenn ich abends heimkomme, liegen die Zeitung und die Pantoffeln bereit, eine Flasche Bier wartet im Kühlschrank, ja, sogar das Wasser ist schon heiß, weil sie weiß, daß ich das Geschirr nicht gern kalt abspüle.«*

*Der berühmte Afrikaforscher berichtet der atemlos lauschenden Gesellschaft: »Da gibt es eine Affenart, da schreien die Männchen ganz gräßlich, wenn sie in der Paarungszeit die Weibchen herbeilocken wollen. Etwa so. . .«*
*Und er stößt einen so wilden Schrei aus, daß den Gästen das Blut in den Adern stockt.*
*Da öffnet sich die Tür.*
*Die Ehefrau des Forschers steckt den Kopf herein, lächelt und fragt: »Du hast gerufen, Liebling?«*

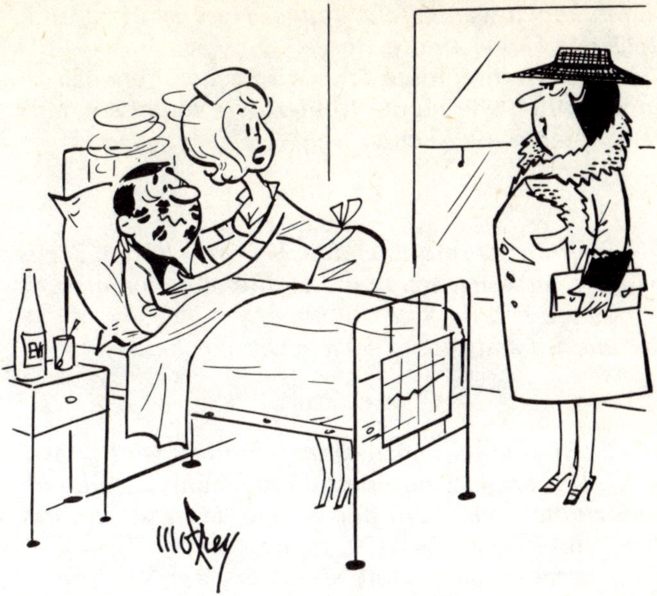

Regen Sie sich nicht auf, gnädige Frau – uns sind nur die Kreislaufmittel ausgegangen ...

*Anton findet seine Frau mit einem Liebhaber im Bett und will ihn erschießen.*
*Entsetzt schreit die Frau auf: »Halt ein, Anton! Von wem, glaubst du, sind unser Auto, mein Schmuck und unser schönes Haus?«*
*»Ist das alles von Ihnen?« fragt Anton den Mann im Bett seiner Frau.*
*»Ja.«*
*»Dann decken Sie sich aber schön warm zu, damit Sie sich nicht erkälten.«*

*»Egon, mach wenigstens deinen Hosenstall zu und steck das Hemd in die Hose.«*
*»Siehste, Heini, meine Frau wird schon genauso unordentlich wie meine Kinder! Nie räumt sie nach dem Spielen die Sachen weg!«*

*Die Ehefrau schreibt aus dem Kurort: »In den sechs Wochen habe ich schon die Hälfte abgenommen. Wie lange soll ich noch bleiben?«*
*Kommt die Antwort: »Noch sechs Wochen.«*

*Der Ehemann kam noch einmal zurück, weil er etwas vergessen hatte. Seine junge Frau stand gerade im Badezimmer nackt auf der Waage. Er tätschelte ihren Popo und fragte: »Wieviel heute, Baby?«*
*»Wie immer«, antwortete sie. »Ein Liter Milch und ein halbes Pfund Butter.«*

*Frauen sind wie Krawatten. Wenn man sie zweimal umschlungen hat, hat man sie am Hals!*

*»Hör' mal, unsere Nachbarin sagte mir gerade, ihr Mann gehe jede Woche einmal zu einer Freundin. Tust du das auch?«*
*»Aber natürlich!«*
*»Und ich dachte schon, wir könnten uns das nicht leisten!«*

Du läßt mir nicht einmal Zeit, Dir zu sagen, wie herrlich braun Du geworden bist, Liebling . . .

*Eine Frau in den besten Jahren kommt heim und überrascht ihren Mann beim Kofferpacken. »Wo willst du denn hin«, fragt sie.*
*»Nach Sansibar.«*
*»Was willst du denn in Sansibar?«*
*»Ich habe erfahren, daß es dort so wenig Männer gibt, daß die Frauen für jedesmal fünfzig Mark zahlen.«*
*Daraufhin stürzt sich die Gattin wortlos auf den Wandschrank, holt einen Koffer heraus und beginnt ebenfalls zu packen.*
*»Und wo willst du hin?« fragt erstaunt der Ehemann.*
*»Mitfahren . . . ich muß doch sehen, wo du von fünfzig Mark im Monat leben kannst.«*

*Ein Ehemann torkelt weit nach Mitternacht ins eheliche Schlafzimmer, in der Hand eine Hartwurst, die er beim Preiskegeln gewonnen hat.*
*Seine Frau schläft mit offenem Mund. Um ihr eine Freude zu machen, legt er ihr die Wurst zwischen die Zähne. Da murmelt sie schlaftrunken: »Also Anton, wie du bloß wieder im Bett liegst!«*

*Jeder der Ehepartner hat dem anderen versprochen, für jedes Fremdgehen eine Erbse in eine Spardose zu legen. Am zehnten Hochzeitstag werden gemeinsam die Erbsen gezählt.*
*Er hat in seiner Dose zehn Erbsen, sie nur eine einzige. Argwöhnt der Gatte, daß da wohl ein Fehler vorliegen müsse.*
*Und seine Angetraute bestätigt ihm: »Ich will ehrlich sein, von meinen Erbsen haben wir jedes Jahr einmal einen Eintopf gegessen. . .!«*

*Die Bäuerin wurde vom Pferd erschlagen.*
*Nach drei Tagen erkundigt sich der Pfarrer teilnahmsvoll bei dem Bauern: »Sind schon viele Beileidsschreiben da?«*
*»Kaum, Hochwürden, aber eine Menge Angebote für mein Pferd!«*

*Kinderreiches Ehepaar. Ein Gerücht geht durch die Stadt. Der Ehemann hört's und vernimmt seine Frau: »Man sagt, Hänschen sei nicht von mir?!«*
*»Dummes Geschwätz«, antwortet die siebenfache Mutter, »gerade Hänschen ist von dir!«*

»Ich kann diese schlampige Person von nebenan nicht mehr sehen.«

*»Heute gehe ich zu einer echten französischen Party, mit Frauentausch und so. . . Willst du auch hinkommen?«*
*»Ja, selbstverständlich, wie viele sind wir denn?«*
*»Na, wenn du deine Frau mitbringst, sind wir drei!«*

*»Hast du gehört, Hans-Heinrich bestreut seine Frau jeden Abend mit Salz und Pfeffer und reibt sie hinterher noch mit Senf ein.«*
*»Warum tut er denn das?«*
*»Er mag so gerne scharfe Weiber!«*

*»Gib mir einen Rat«, sagt der Ehemann zu seinem ledigen Freund. »Was mag wohl der Grund sein, daß meine Frau beim Küssen immer die Augen schließt?«*
*Der Freund zuckt die Achseln. »Keine Ahnung. Aber interessant. Bei mir macht sie das nie.«*

# Die Tage vor der Scheidung

*»Dieser Playboy aus dem Erdgeschoß erzählt überall herum, daß er schon mit allen Frauen hier im Hause geschlafen habe, außer mit einer . . .«, berichtet der heimkehrende Ehemann.*
*»Das wird diese hochnäsige Gans aus der zweiten Etage sein!« empört sich seine Frau.*

*»Meine Frau macht stets die Augen zu, wenn wir uns lieben.«*
*»Warum denn das?«*
*»Sie kann es einfach nicht mit ansehen, wenn ich mich mal vergnüge!«*

*Frohgelaunt kam der Gatte nach Hause und küßte seine ihm seit zwanzig Jahren angetraute Ehefrau stürmisch wie kurz nach der Hochzeit. Die Frau weinte.*
*»Aber, was hast du denn, Schatzi?«*
*»Ach, heute geht aber auch alles schief: eben hat unser Peter die teure Kaffeekanne zerschlagen, und jetzt kommst du auch noch am hellichten Tage blau nach Hause. . .«*

*Grün zu Blau: »Was zahlste mer für meine Frau?«*
*Blau: »Nix!«*
*Grün: »Gemacht!«*

*Direktor Busse kommt nach längerer Geschäftsreise nach Hause. Im Schlafzimmer überrascht er seine Frau mit dem Prokuristen seiner eigenen Firma. Und der Direktor brüllt seine Frau an: »Was macht dieser Mensch hier bei dir?«*
*»Reg' dich nicht auf – er arbeitet nur deine Rückstände auf!«*

*»Wenn ich mich rasiert habe, fühle ich mich um zehn Jahre jünger«, sagt der Ehemann.*
*»Dann rasiere dich ab sofort nur noch abends, bevor du ins Bett kommst«, rät ihm sein Weib.*

*»Wieso sind Sie ein so leidenschaftlicher Teetrinker?«*
*»Wenn Sie einmal bei meiner Frau Kaffee getrunken hätten, wären Sie's auch.«*

*Schild vor einem Restaurant: »Lassen Sie sich nicht von Ihrer Frau scheiden, weil sie nicht kochen kann. Essen Sie bei uns, und behalten Sie Ihre Frau als Hobby!«*

*»Du, dein Vater hat ja ein blaues Auge. Woher hat er das denn?«*
*»Ach, als wir gestern gebetet haben und im Vaterunser an die Stelle kamen ›. . . und erlöse uns von dem Übel‹, da hat er zur Mutter geschaut – und das muß sie falsch aufgefaßt haben!«*

Xaver hat im Lotto gewonnen.
Freudestrahlend eilt er heim, um dieses Glück seiner Frau zu verkünden.
Die mißt ihn strafend von oben bis unten und sagt dann mit Donnergrollen in der Stimme:
»Und wo hattest du die eine Mark her, um im Lotto zu spielen?«

»Wie hast du das eigentlich fertig gebracht, daß dein Mann jetzt immer so früh nach Hause kommt?«
»Ganz einfach; wenn er in der Nacht nach Hause kam, habe ich nur gefragt: ›Bist du es, Franz?‹«
»Weiter nichts?«
»Nichts – mein Mann heißt Gustav.«

»Ich möchte mich unbedingt scheiden lassen!«
»Dann tu's doch endlich.«
»Geht nicht. Immer wenn ich davon rede, verprügelt mich meine Alte!«

Zwei Frauen erzählen von ihren Männern: »Mein Mann fährt zur See – er ist im Jahr nur vierzehn Tage zu Hause!«
»Mein Gott – das ist ja schrecklich.«
»Ach, wissen Sie, die vierzehn Tage gehen ja auch vorüber!«

Sagte ein guter Freund: »Du, ich glaube, deine Frau betrügt uns.«

Lügen Sie nicht, ich weiß alles – mein Mann spricht im Schlaf!

*»Lieber Mann, ausgerechnet dein Leibgericht hat die Köchin anbrennen lassen. Kann dich ein Küßchen versöhnen?«*
*»Gut, laß' sie hereinkommen!«*

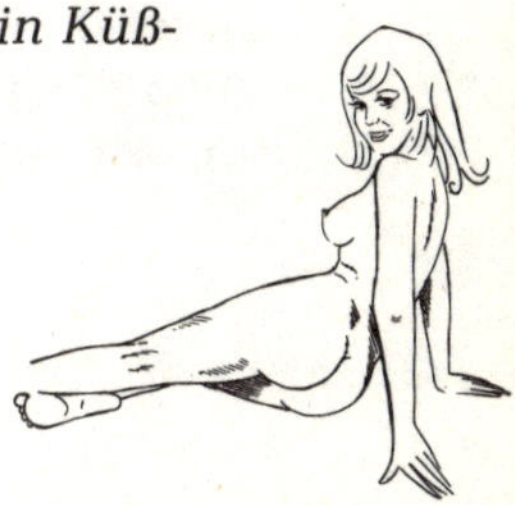

Findest du es nicht auch komisch, daß unser Nachbar sich jeden Morgen unsere Leiter ausborgt?

*Empört erzählt die Dame ihrer besten Freundin: »Stell dir vor, gestern habe ich in der Hosentasche meines Mannes einen winzigen rosa Schlüpfer gefunden!«*

*»Also das ist ja die Höhe«, entsetzt sich die Freundin, »die trage ich nämlich nicht!«*

# Die Mädchen, die Mädchen

*Wozu die Mädchen soviel Geld brauchen, verstehe, wer will. Rauchen tun sie nicht, trinken tun sie nicht und Frauen sind sie selbst.*

*»Sag' mal, Mama, kann man auch schon mit achtzehn ein Kind bekommen?«*
*»O ja!«*
*»O je. . .«*

*»Wie ist denn dein neuer Freund?« fragt Inge ihre Freundin.*
*»Oh, der ist wundervoll. Er bleibt in jeder Situation ein vollendeter Gentleman!«*
*»Na ja«, meint Inge, »immer noch besser als gar kein Freund.«*

*Adam und Eva liegen an einem schönen Sonntag auf der Wiese des Paradieses.*
*Meint Eva: »Liebst du mich?«*
*Dreht Adam sich gelangweilt um und spricht: »Wen sonst?«*

*Fräulein zum Heiratsvermittler: »Am liebsten hätte ich einen Herrn mit dem Namen Unverhofft. Sie wissen ja: ›Unverhofft kommt oft‹!«*

Eine auffällig gekleidete Dame geht in ein Textilgeschäft.
Sie sucht sich ein paar Kleider aus und will mit einem Tausendmarkschein bezahlen.
Die Kassiererin hält den Schein gegen das Licht und sagt dann: »Ich bedaure sehr, aber der Schein ist falsch.«
Kreischt die Dame auf: »O Gott, dann bin ich eben vergewaltigt worden!«

Zwei junge Leute sind seit Jahren verlobt. Er möchte gern voreheliche Freuden naschen, doch sie wehrt ab.
Und sie begründet das auch: »Erstens bin ich katholisch, da ist das eine Todsünde. Zweitens hat meine Mutter es verboten, und dann ist es Ungehorsam. Und drittens bekomme ich immer Kopfweh davon.«

Ein Dichter ging durch die sonnige Natur.
Da fiel ihm ein Verslein ein. Aber er hatte zwar einen Bleistift, jedoch kein Papier.
So fragte er denn ein des Weges kommendes Fräulein, ob sie für ihn ein Stückchen Papier hätte.
Das Fräulein wird verlegen und gesteht: »Leider nein – – ich habe auch eben Gras genommen.«

Zwei Freundinnen treffen sich im Fasching. Sagt die eine: »Bin froh, wenn die Tage vorbei sind!«
Sagt die andere: »Wäre froh, sie kämen wieder. . .«

Herzlich willkommen!

*Richard schickte Barbara Rosen. Auf die beiliegende Karte schrieb er: »Ich liebe Dich! Was kann ich dafür?«*
*Keine Antwort.*
*Da schickte er einen wertvollen Ring mit Karte: »Was kann ich dafür?«*
*Und Barbara drahtete zurück: »Lieber Richard, dafür kannste!«*

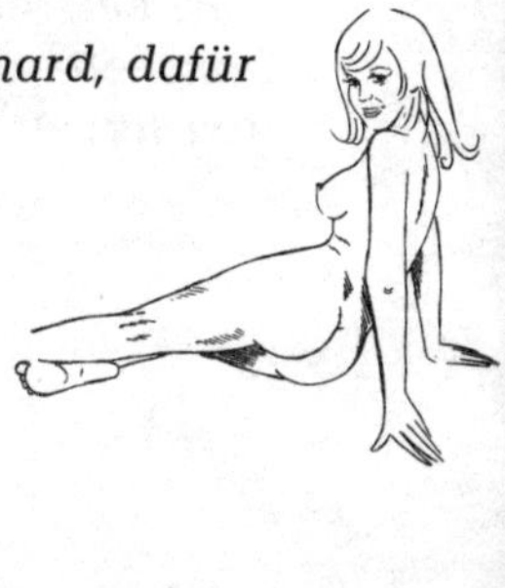

*»Herrlich war's an der Riviera«, schwärmt Evi. »Stell' dir vor, in unserem Hotel ging jeden Morgen ein Diener mit einer Klingel durch und rief: ›Alles zurück in die eigenen Zimmer!‹ . . .«*

*Ein junges Mädchen kommt im Gehgips dahergehumpelt.*
*»Nanu, was ist los«, erkundigt sich ihre Freundin, »Skiunfall?«*
*»Nein, Verkehrsunfall«, antwortet die andere.*
*»Ist dein Auto auch kaputt?«*
*»Was heißt Auto«, sagt das gegipste Mädchen. »Ich bin einem Baby ausgewichen und dabei aus dem Bett gefallen.«*

*An einem Sommerabend sitzt ein junges Mädchen ganz allein im Park auf einer Bank. Im Arm hält sie eine kleine Katze.*
*Ein junger Mann schlendert vorbei, grüßt höflich und fragt liebenswürdig: »Ach, gnädiges Fräulein, darf ich nicht auch einmal Ihr süßes, kleines Kätzchen streicheln?«*
*»Aber gern«, antwortet die Holde, »nur wer soll in der Zwischenzeit das Tier halten?«*

*»Nein, nein«, wehrte sich das junge Mädchen, »meine Mutter sagte, ich solle meine Unschuld bis zum Letzten verteidigen!«*
*Murmelte der junge Mann: »Na, Gott sei Dank, morgen haben wir ja den Einunddreißigsten.«*

*Die große Schwester kommt zu ihrem kleinen Bruder, der auf die Oberschule geht und schon ein Jahr Latein hat. »Mein Freund schreibt mir hier, er wolle sich schon mal avisieren. Ich kann kein Latein. Was heißt denn avisieren?«*
*Der Bruder überlegt. »Ich weiß nur, daß avis der Vogel heißt. Hilft dir das?«*
*Die Schwester überlegt halblaut: »Avis heißt also der Vogel . . . ach, danke, das langt mir schon.«*

*»Nanu, Edith, wie läufst du denn? Warum machst du denn so komische Trippelschritte?«*
*»Ach, ich gehe heute abend zur FKK-Party. Und da habe ich mir ein paar Lockenwickler eingedreht.«*

*»Wieso ist denn deine Verlobung mit Uschi in die Brüche gegangen?«*
*»Nur, weil ich ihr sagte, daß ihre Strumpfhose Falten wirft.«*
*»War das so schlimm?«*
*»Sie hatte gar keine Strumpfhose an!«*

*»Die Gaby ist wirklich eine treue Frau!«*
*»Aber die ist doch nun schon zum drittenmal verheiratet!«*
*»Sicher – aber sie hat noch immer den gleichen Hausfreund!«*

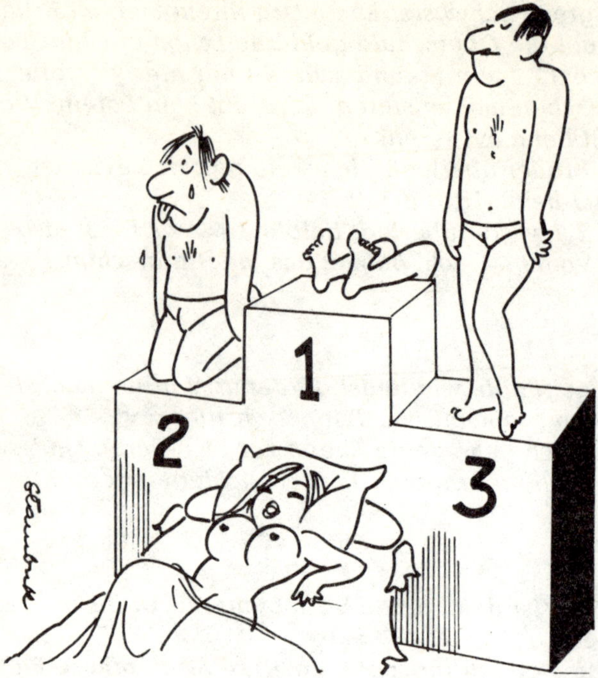

Die Siegerehrung

*Die treue Perle kündigt. Traurig sagt die Hausfrau: »Warum wollen Sie uns denn verlassen? Sie haben es doch so gut bei uns gehabt.«*
*»Ich will heiraten.«*
*»Und meinen Sie, daß Sie es da besser haben?« zweifelt die Hausfrau.*
*»Besser nicht«, meint die Perle, »aber öfter!«*

*Zwei junge Damen unterhalten sich.*
*»Spülst du auch immer hinterher?«*
*»Nein, ich rauche!«*
*»Ach . . . darauf habe ich noch gar nicht geachtet!«*

*Entrüstet erzählt Eva ihrer Freundin: »Da hielt doch plötzlich so ein aufdringlicher Autofahrer neben mir und wollte mich zu einer Spazierfahrt einladen. Mensch, hatte der eine elegante Wohnung!«*

*»Du, stell' dir vor, mein Mann hat mir von seiner Reise nach Paris einen Chinchilla mitgebracht!«*
*»Ach, mach dir doch deswegen keine Sorgen! Mit Penicillin bekommst du das in ein paar Tagen wieder weg!«*

*Lissy bekommt zu ihrem achtzehnten Geburtstag ein Tagebuch von ihrer Freundin geschenkt. »Freust du dich denn nicht?« fragt die Freundin.*
*»Doch«, sagt Lissy, »aber wieso Tagebuch? Bei Tag erlebe ich eigentlich nie was.«*

# Die Sache mit dem Klapperstorch

*Die alleinstehende Putzfrau hat ein Baby bekommen.*
*Befragt, wer denn der Vater sei, antwortet sie lakonisch:*
*»Weiß ich nich! Denken Sie vielleicht, ich dreh' mich jedesmal um, wenn ich die Treppen wische?«*

*Ein reizendes Mädchen wird in die Klinik eingeliefert und sieht der Entbindung entgegen.*
*Der Professor unterhält sich mit ihr bei der Visite.*
*»Was wünschen Sie sich denn, mein Fräulein, Bub oder Mädchen?«*
*»Einen Jungen, Herr Professor.«*
*»Und wie soll er heißen?«*
*»Wenn er dunkel ist – Johannes. Ist er aber blond – Klaus-Ludwig.«*

*Eine Bäuerin wünschte sich seit Jahren ein Kind.*
*Man riet ihr, eine Wallfahrt zu machen. Und tatsächlich – neun Monate später schenkt sie dem Bauern einen prächtigen Stammhalter.*
*Eine Nachbarin hört davon nach Jahren, und da auch sie sich bisher vergeblich ein Kind wünschte, fragt sie die Wallfahrerin: »Ob's bei mir auch nützt – die Wallfahrt?«*
*»Nützen wird's schon«, ist die Antwort, »wenn der junge Kaplan noch da ist . . .«*

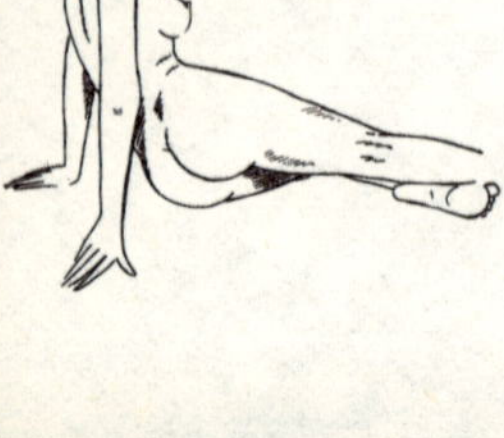

*Bei der Hausentbindung geht der werdende Vater dem Arzt mit seiner Nervosität gewaltig auf die Nerven.*
*Und der herrscht ihn an: »Nehmen Sie sich zusammen, es wird noch eine Weile dauern; das Kind liegt falsch, und Steißgeburten sind nun mal keine ganz einfache Sache.«*
*»Um Gottes willen«, ringt der junge Mann nach Luft, »sollte ich mich im Dunkel der Nacht so vertan haben?«*

*Die Perle hatte geheiratet. Nach acht Monaten erhielt die gnädige Frau folgenden Brief:*
*»Sehr geehrte gnädige Frau! Ich möchte Sie bitten, mir den schönen Kinderwagen, der bei Ihnen auf dem Dachboden steht, zu schenken. So wie ich den gnädigen Herrn kenne, werden Sie ihn sowieso nicht mehr brauchen. . .«*

*Frau Kummer ist in einem Betrugsprozeß als Zeugin vorgeladen. Aber sie bekommt gerade ein Kind und kann nicht erscheinen.*
*Also wird der Termin verschoben und später mit folgendem Vermerk neu angesetzt: »Frau Kummer hat inzwischen das Kind bekommen und kann wieder geladen werden.«*

*Die Tochter fährt in die Flitterwochen. »Viel Spaß wünsche ich dir«, schluchzt die Mutter, »und vielleicht bin ich schon in neun Monaten Großmutter.«*
*Lächelt die Tochter: »In sieben, Mutter, in sieben.«*

# Eltern haben's schwer

*Der Papa bestraft seinen kleinen Sohn immer wieder, weil er dauernd mit dem Finger in der Nase bohrt. Als der Kleine eines Morgens durch das Schlüsselloch ins Elternschlafzimmer schaut, ist er empört über den Vater: ». . . und der will mir das Nasenbohren verbieten!«*

*Das Elternpaar hat einen schwererziehbaren Sohn. Keiner wird mit ihm fertig, auch der Lehrer nicht. Schließlich schicken sie ihn zu einem Psychotherapeuten. Als der Sohn zurückkommt, fragt ihn die Mutter aufgeregt, was denn war.*
*»Ach, nichts Besonderes«, sagt der Junge. »Er hat nur gesagt, ich hätte einen Ödipuskomplex.«*
*»Ach, wenn's weiter nichts ist«, ruft die Mutter erleichtert aus. »Das werden wir schon hinkriegen. Hauptsache, du hast deine Mutter immer recht lieb.«*

*Bubi bekommt von seiner Mutter einen Zehner, weil er brav gewesen ist. Er nimmt das Geld stumm. Das regt die Mutter auf: »Na, wie sagt man, wenn man etwas bekommt. Wie sage ich denn immer zu Papa, wenn er mir Geld gibt?«*
*Bubi überlegt nicht lange: »Ist das alles?«*

Der ferngelenkte Bagger

Susilein wird nachts wach und hat Durst.
»Papa«, ruft sie, »bitte bring mir ein Glas Wasser. Ich kann ja solange Mamas Bett schaukeln. . .!«

Eine strahlend junge Frau schiebt einen Kinderwagen vor sich her. »Franz«, ruft sie plötzlich einen Mann an, »kennst mich nicht? Ich bin doch deine Mutter.«
»Meine Mutter«, sagt der Mann, »ist siebzig und kein so junges Ding wie Sie.«
»Aber Franz, ich hab' mich doch verjüngen lassen.«
»Soso – und wer ist dann der Kleine im Kinderwagen?«
Die Frau seufzt: »Ach, das ist der Papa, den haben sie verpfuscht!«

»Mutti, als du neulich nicht zu Hause warst, da hat der Papa unsere Minna in das Schlafzimmer gezogen und. . .«
Die Mutter unterbricht den Fünfjährigen und sagt: »Erzähl' mir das Übrige heute abend, wenn Papa dabei ist. . .«
Während des Abendessens ermuntert sie das Söhnchen, weiter zu berichten.
Und der Fünfjährige erzählt:
»Als du am letzten Sonntag nicht zu Hause warst, zog Papa unsere Minna ins Schlafzimmer und machte mit ihr dasselbe, was du mit Onkel Karl immer tust, wenn Papa auf Dienstreise ist. . .«

*Rasch geht der Vater an dem öffentlichen Haus vorbei, wo sich gerade lüsterne Männer um leichte Mädchen scharen. Aber Bubi fragt doch: »Was ist das für ein Haus?«*
*»Ach – ein Kaufhaus«, stottert der Vater, »da kann man für fünf Mark feine Sachen bekommen.«*
*Am nächsten Tag bittet der Bubi seine Mutter um fünf Mark. Und die Mutter hat Verständnis dafür, daß er sich »feine Sachen« dafür kaufen will.*
*In besagtem Haus trifft Bubi gleich auf die Chefin des Liebeshotels. Er trägt ihr seinen Wunsch nach »feinen Sachen« vor, die er laut Papa dort für fünf Mark finden werde.*
*Die Halbweltdame hat Verständnis, nimmt den Kleinen mit auf ihr Zimmer, setzt ihm fünf süße Eierkuchen, dick mit Marmelade bestrichen, vor. Und Bubi staunt, was er da alles für fünf Mark bekommt; aber nach dem dritten Kuchen ist er satt.*
*Da sagt die Freudenhauswirtin: »Dann schleck' wenigstens noch die Marmelade von den beiden übrriggebliebenen ab.« Und Bubi tut's.*
*Als sein Vater später erfährt, wo Bubi gewesen ist, kann er vor Schreck nur noch fragen: »Was hast du denn da gemacht?«*
*»Na, Papa«, meint Bubi, »drei hab' ich vernascht und zwei geschleckt!«*

*Eine Mutter schreibt an den Klassenlehrer: »Sie dürfen meinen Sohn nicht schlagen, er ist zartfühlend und sehr sensibel. Wir schlagen ihn niemals – außer in Notwehr!«*

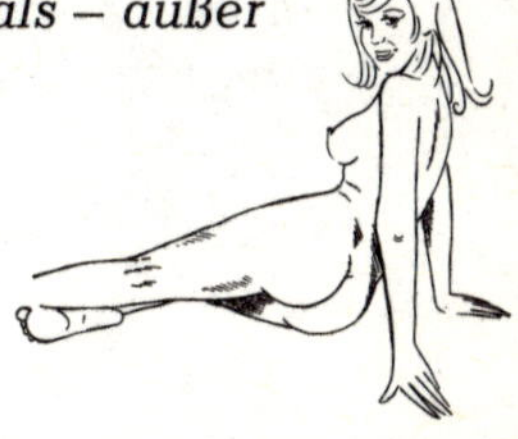

»Nun sei ein Kavalier und biete der Dame deinen Platz an.«

*»Meine Tochter hat jetzt einen schönen Freund«, schwärmt Frau Schnabbel, »neulich hat er sie zum Essen eingeladen, dann sind sie tanzen gegangen, und zum Schluß hat er sie sogar in sein Haus mitgenommen.«*
*»Was«, empört sich die Nachbarin. »Und das lassen Sie zu! Haben Sie denn kein Veto eingelegt?«*
*»Nein, nein«, wehrt Frau Schnabbel ab. »Von so neumodischen Sachen halten wir nichts. Soll er halt aufpassen.«*

*»Du mußt jetzt ins Bett, Heinerle, der Sandmann ist gekommen.«*
*»Gut, Mami – gib mir 'ne Mark, dann sage ich Papa nichts!«*

*Ein Vertreter kommt von der Reise todmüde heim, wird vom Sohn freudig, von der Gattin beklommen begrüßt.*
*»Papa, in unserem Schrank ist ein Gespenst«, platzt der Sohn heraus.*
*»Unsinn«, sagt der müde Vertreter. »Gespenster gibt's nicht.«*
*»Schau doch nach!«*
*Mißmutig geht der Vater ins Schlafzimmer und reißt die Schranktür auf. Wer steht da, seine Blöße mit einem Bettlaken verdeckend? Sein bester Freund!*
*Da platzt es aus dem Heimgekehrten heraus:*
*»Schäme dich! Du gehst ein und aus bei uns, ich hab dir geholfen, wo ich nur konnte. Und was machst du? Zum Dank erschrickt du meinen Sohn!«*

*Vater, Mutter, Tochter und deren Verlobter gehen im Wald spazieren.*
*Die Waldwege sind schmal, und so laufen die Familienmitglieder hintereinander.*
*Nach geraumer Zeit blickt sich die Mutter um und stellt fest, daß die Tochter mit ihrem Bräutigam verschwunden ist.*
*»Wo die Kinder nur bleiben«, fragt sie unruhig.*
*»Was machen die bloß?«*
*Des Vaters kurze Antwort: »Nachkommen. . .«*

*»Vati will baden!« sagte der kleine Hans.*
*Die Mutter staunte: »Nanu, woher weißt du denn das, Hans?«*
*Meinte der Junge: »Er hat sich schon mein kleines Segelschiff in die Tasche gesteckt!«*

*Die Schwiegermutter ist mit dem Bräutigam ihrer Tochter nicht recht einverstanden. So erzählt sie der Nachbarin:*
*»Er ist einfach zu laut. Am Traualtar brüllte er das ›Ja‹ so, daß meine Tochter fast eine Fehlgeburt gehabt hätte. . .!«*

*Mutti ist verreist, daher badet Papi die kleine Eva.*
*»Du, Vati«, sagt die Kleine, »bei dir macht das Baden viel mehr Spaß – bei dir darf man Schuhe und Strümpfe anbehalten!«*

*Die Mutter klagt: »Was wird nur der Papa sagen, wenn er hört, wie du geschwindelt hast?«*
*»Der Papa, der sagt wie immer: Ist es nicht sonderbar, wie das Kind seiner Mutter gleicht?«*

*In einem öffentlichen Haus trifft ein älterer Herr seinen Sohn. Der ist empört: »Was machst du denn hier, Papa!?«*
*»Sag doch selber, Junge«, verteidigt sich der Papa, »was soll ich wegen der paar lumpigen Mark mitten in der Nacht Mama noch aufwecken?«*

# Aufgeweckte Kinder

Die Oma hatte am Telefon gehört, daß ihre Tochter einen Sohn bekommen hatte. Einige Zeit später stürzt ihre Enkelin herein, die das Neugeborene schon gesehen hat, und ruft: »Oma, Oma, ich habe ein Schwesterchen bekommen, mit einem Fingerchen unterm Bauch.«

Am Dorfweiher spielen der Hans und die Grete. Und der Hans sagt: »Komm, Grete, hängen wir die Füße ins Wasser.«
Aber Grete ziert sich und meint: »Da wird mein Kleid naß, und dann schimpft meine Mutter.«
Aber Hans weiß Rat: »Wir zieh'n uns aus, dann wird's Kleid nicht naß.« Gesagt – getan. Adam und Eva spielen am Dorfweiher.
Stellt nach einer Weile der Hans sachlich fest: »Weißt du, Grete, ich hab' gar nicht gewußt, daß zwischen Protestant und Katholik ein so großer Unterschied ist.«

Die Mutter saß auf dem Sofa und häkelte, der Vater nahm sein Töchterchen auf den Schoß und spielte Hoppe-Reiter. Die Eintracht schien keiner zu stören ... bis das Töchterlein fragte: »Nun sag' mal, Papa, wer ist denn schwerer – ich oder unsere Liesel?«

»Ich glaub' nicht daran, daß Babys vom Storch aus dem Teich geholt werden«, sagt Fritzchen. »Kleine Kinder werden geboren, und den Bohrer finde ich auch noch!«

Bubi trifft den Fabrikanten, bei dem sein Vater als Chauffeur angestellt ist. Aber er grüßt nicht.
»Kennst du mich nicht«, fragt ihn der Fabrikant.
Bubi nickt. »Natürlich, du bist doch der, der immer in Papas neuem Auto mitfahren darf.«

»Weißt du, Mutti, ich habe nachgedacht. Die Frauen sind eigentlich ganz unnütz auf der Welt.«
»So, und wer würde den Männern die Knöpfe an die Hosen nähen?«
»Wenn es keine Frauen gäbe, brauchten die Männer keine Hosen. . .«

Köln. Fronleichnamsprozession.
Weißgekleidete Mädchen tragen große Kerzen, das sind die »Engelchen«, wie sie der Volksmund nennt.
Ein Zuschauer sieht ein besonders kleines Mädchen mit einer besonders großen und dicken Kerze vorüberziehen. Fragt er das Kind: »Sag ens, ist die Kerze nich zu schwer für dich!«
Da schaut ihn die Kleine verächtlich an: »Ich bin doch 'n Engelchen, du Arschloch!«

Ohne Worte

*»Papi«, sagt der Zehnjährige, »wenn ich mal groß bin, möchte ich ganz viele Kinder haben.«*
*»Wieviel denn?«*
*»Soweit die Rippen reichen!«*

*»Werdet ihr in der Schule im Unterricht sexuell aufgeklärt, mein Junge?«*
*»Nicht zu sehr, Papa, aber was willst du wissen?«*

*Der Herr Papa muß als Zeuge vors Gericht. Als ein Bekannter nach ihm fragt, sagt die kleine Tochter stolz: »Mein Papa ist gerade zeugen gegangen!«*

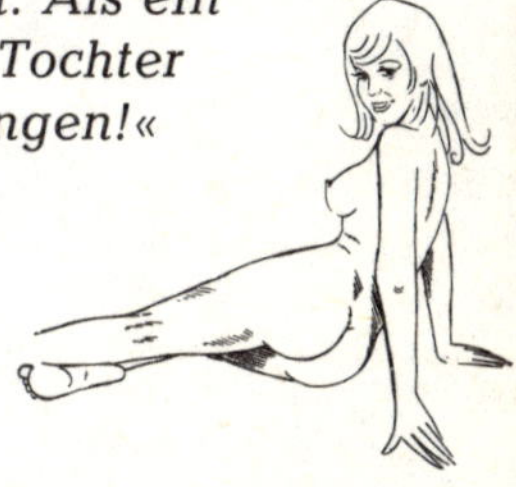

*Der achtjährige Bruno fragt die sechsjährige Liesel: »Weißt du, woher die Kinder kommen?«*
*Liesel schüttelt den Kopf. »Weißt du es?«*
*»Nein«, sagt Bruno ernsthaft, »und ich werde es auch nie erfahren. Denn nur ihr Frauen dürft dabei sein. Wir Männer aber müssen immer auf dem Korridor warten. . .«*

*Herr Meier kommt mit einem großen Blumenstrauß. Heute will er es wagen!*
*Fritzchen macht ihm die Tür auf, und Meier fragt den kleinen Bruder seiner Angebeteten: »Ist deine Schwester zu Hause?«*
*»Ja«, sagt der Knirps, »die steht schon ein paar Stunden vor dem Spiegel, macht ein spitzes Mündchen und flötet: ›Ach, Herr Meier, Ihr Angebot kommt mir aber überraschend‹.«*

*Der kleine Fritz verbringt seine Ferien auf dem Landgut seines Onkels. Jede Woche schickt er dem Vater einen Bericht über seine kleinen Erlebnisse. In seinem letzten Brief schreibt er u. a.: »Onkel hat auch ein großes Schwein mit vielen Jungen. Wenn es Abend wird, kommen die kleinen Schweinchen im Stall ihrer Mutter zum Trinken zusammen, genau wie du und die anderen Herren abends an eurem Stammtisch.«*

»Papa, guck da ist so ein Nachthemd, wie du es für Mama gekauft hast!«

*Der dreijährige Bubi ist ängstlich, und das stört seine vierjährige Schwester sehr. »Bubi«, sagt sie eines Tages, »du bist vielleicht ein Feigling. Wenn du mal groß bist, dann wirst du bestimmt so einer, der immer zu seiner Frau ins Bett kriecht!«*

*Dunkle Straße in einer Vorstadt.*
*Ein großer Wagen, ein Amerikaner, schaukelt bedenklich auf und ab, obwohl sein Motor abgeschaltet ist. Der Vater will mit seinem Söhnchen schnell vorüber.*
*Aber das Kind wirft doch einen Blick in das Fahrzeug, schüttelt den Kopf und meint: »Es ist, wie du sagst, Papa: 'n großen Wagen müssen sie haben – aber kein Hemd überm Hintern!«*

# Beamte sind auch Menschen

*»Zukünftig werde ich nur noch mit dem Herrn Bürgermeister verhandeln, da ich es als Arztwitwe nicht nötig habe, mich mit unteren Organen der Polizei zu befassen!«*

*»Herr Bürgermeister, die Einwohnerzahl Ihres Dorfes bleibt seit Jahren gleich. Erfassen Sie die Geburten nicht?«*
*»Schon, schon – aber jedesmal, wenn bei uns ein Kind geboren wird, verschwindet ein junger Bursch aus dem Dorf!«*

*»Kann man die Pille von der Steuer absetzen?« fragt Frau Unter den Finanzbeamten.*
*»Selbstverständlich, gnädige Frau«, antwortete der Beamte, »aber nur, wenn Sie sie vergessen haben. . .«*

*»Wie viele Leute arbeiten im Amt?« – »Elf – mit dem Amtsrat!« – »Ohne Amtsrat also zehn!« – »Ohne Amtsrat überhaupt keiner!«*

*Schrie der Besucher den Finanzbeamten an: »So nehmen Sie doch endlich Vernunft an!«*
*Meinte dieser: »Ausgeschlossen, Sie wissen doch selbst, daß wir Beamte nichts annehmen dürfen!«*

».. . und für den ersten als Sonderprämie einen Siegerkuß unserer verehrten Frau Bürgermeisterin!«

*Das Säuglingsheim wurde von dem Herrn Minister an die Stadtältesten übergeben. »Und nun, meine Herren«, schloß er seine Rede, »sorgen Sie dafür, daß dieses Säuglingsheim auch immer voll belegt sein wird. . .«*

*Landrat: »Ich vermisse außen an ihrem Haus die Tafel ›Bürgermeisteramt‹!«*
*Bürgermeister: »Es nutzt doch nix. So oft ich die Tafel anmachen lasse, reißen sie mir sie wieder runter und nageln sie am Fensterladen von meiner Frau ihrem Zimmer an!«*

Der Amtmann starb ganz plötzlich. Er ist noch nicht unter der Erde, da fragt einer der Oberinspektoren den Amts-Chef ganz vertraulich: »Könnte ich nicht den Platz des Verstorbenen einnehmen?«
»Mir wäre das schon recht – Hauptsache, das Beerdigungsinstitut hat nichts dagegen. . .!«

Der Bauer ist zum dritten Male Witwer geworden. »Ich mag gar nicht hingehen«, sagt der Bürgermeister seiner Frau. »Jetzt hat der Bauer mich schon dreimal zur Beerdigung eingeladen, und ich habe mich noch nicht einmal revanchieren können!«

Bericht eines Polizeibeamten: »Auf meinem Streifengang durch den Stadtpark hörte ich aus einem Gebüsch das typische Geräusch eines unehelichen Geschlechtsverkehrs und nahm den erforderlichen Anstoß.«

Ein Beamter, der ziemlich faul ist und nie viel gearbeitet hat, erbat sich von seinem Vorstand drei Tage Urlaub, da er heirate.
Als er nach vier Tagen ziemlich erschöpft, blaß und gebückt im Büro erschien, klopfte ihm der leutselige Chef auf die Schulter und sagte: »Ja, mein Lieber, die Ehe ist kein Schreibtisch, da heißt's arbeiten.«

# Medizynisches

*Die Arbeiterfrau sagt: »Ich gehe zum Doktor!«
Die Frau Direktor sagt: »Ich konsultiere meinen Hausarzt!«
Das Freudenmädchen sagt: »Ich gehe zum TÜV!«*

*»Sagen Sie, Herr Doktor, sind Heringe gesund?«
»Soviel ich weiß, ja. Bei mir hat sich wenigstens noch keiner behandeln lassen.«*

*Löblich dankt dem Psychiater: »Sie sind fabelhaft. Meine Frau hatte immer solche Depressionen, aber nachdem sie bei Ihnen war, ist sie stets fröhlich und beschwingt.«
»Das war nicht schwer«, meint der Arzt, »ich habe sie bloß von dem Komplex befreit, der die meisten Frauen quält: sie halten sich für ehrlos, weil sie einen Freund haben.«*

*Ein Patient klagt über kalte Füße. Er könne kaum einschlafen.
»Ich leide auch darunter«, sagt der Arzt, »machen Sie es wie ich: ich stecke die Füße unter die Bettdecke meiner Frau und schlafe dann ganz schnell ein.«
»Prima«, freut sich der Patient, »wann hat denn Ihre Gattin mal Zeit für mich, Herr Doktor?«*

*»Die Blutegeln, Herr Doktor, die Sie mir verschrieben haben – gebraten waren's gut, aber roh – brrr!!«*

*Ein Arzt sollte den Totenschein ausstellen. Das ging sehr langsam, denn der Doktor hatte seine Brille vergessen. Schließlich hatte er den Vordruck doch ausgeschrieben. In der letzten Zeile war zu lesen: »Todesursache: Dr. Krebbelmann.«*

*Ein Professor äußert sich in einem medizinischen Vortrag, es sei durchaus möglich, daß eines Tages Menschen künstlich erzeugt werden könnten.*
*Hört man eine Stimme aus dem Publikum: »Ich bleibe lieber beim alten System!«*

*Ein Internist und ein Tierarzt streiten sich über die Schwierigkeiten in ihrem Beruf. Der Veterinär behauptet, er habe es schwerer, da ein Tier nicht sagen könne, was ihm fehle und wo es weh tue.*
*Eines Tages nun wurde der Tierarzt krank, und der Internist mußte kommen. »Wo fehlt es, Kollege?«*
*»Muh«, sagte der. Auf jede Frage immer wieder: »Muh«.*
*Der Internist schrieb ein Rezept, das er der Frau des Veterinärs mit der Bemerkung gab: »Davon geben Sie ihm dreimal täglich einen halben Eimer voll; wenn er übermorgen nicht gesund ist, machen wir eine Notschlachtung.«*

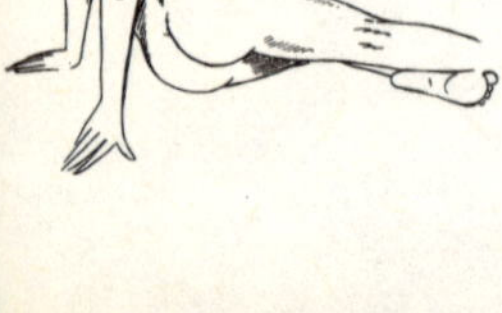

*Der Arzt hat die Dame gründlich untersucht. »Zunächst, mein Fräulein, müssen wir den Erreger finden.«*
*»Niemals, Herr Doktor, nenne ich seinen Namen!«*

*Im Ersten Weltkrieg besuchte eine Fürstin ein Lazarett. Dort sah sie einen Verwundeten auf dem Bauch liegen und lesen. Sie fragte ihn: »Wo sind Sie denn verwundet worden?«*
*»Am Oarsch«, kam die derbe bayerische Antwort. Zum Glück hatte die Fürstin nicht verstanden, und der Stabsarzt fügte schnell hinzu: »Das ist ein kleiner Ort in Frankreich, Euer Durchlaucht!«*

*Lilo hat sich mit einem Arzt verlobt. »Mit Praxis?« fragt die Freundin.*
*»Das weiß ich nicht«, meint Lilo, »aber er hat's schon ganz gut gekonnt.«*

*Der Arzt hat festgestellt, daß sich das junge Mädchen in anderen Umständen befindet.*
*»Hab' ich es mir doch gedacht«, ruft ihre Mutter aus, »das war das Schwert des Kolumbus!«*
*Meint der Arzt: »Ich glaube eher, es war das Ei des Damokles.«.*

*Arzt: »Wann haben Sie geheiratet?«*
*Patientin: »Im Mai.«*
*»Wann ist Ihr Baby geboren?«*
*»Im September.«*
*»Soso!?«*
*»Herr Doktor! Sind Sie jetzt Mediziner oder Mathematiker?«*

»Wie geht's Heini?«
»Schlecht, ich hab' die Skatkrankheit!«
»Was ist das denn?«
»Herzbeschwerden und Kreuzschmerzen, an der Seite pikt's, und nachts belle ich wie unser Karo!«

Bei einem Arzt in der Schweiz klingelt nachts das Telefon: »Herr Doktor, kommen Sie ganz schnell, unser Sohn hat ein Verhüterli verschluckt!«
Der Arzt versichert: »Ja, selbstverständlich, ich komme gleich. Ich muß mich nur erst anziehen!«
Kurz darauf klingelt wieder das Telefon. Es ist dieselbe Dame, aber ihre Stimme ist nicht mehr so aufgeregt wie vorhin. »Herr Doktor, Sie brauche net mehr zu komme – wir habe noch eins gefunden!«

Der Patient sitzt beim Psychiater. Der Arzt malt einen senkrechten Strich auf ein Papier und fragt:
»Was sehen Sie hier?«
»Eine nackte Frau.«
Der Arzt malt einen waagrechten Strich und fragt:
»Was ist das?«
»Noch eine nackte Frau.«
Bei einer Schlangenlinie kommt der Patient zum selben Ergebnis, worauf der Psychiater diagnostiziert:
»Sie leiden an hormonalem Überdruck!«
Darauf empört sich der Patient:
»Wieso ich, Herr Doktor? Wer malt denn all die Schweinereien?«

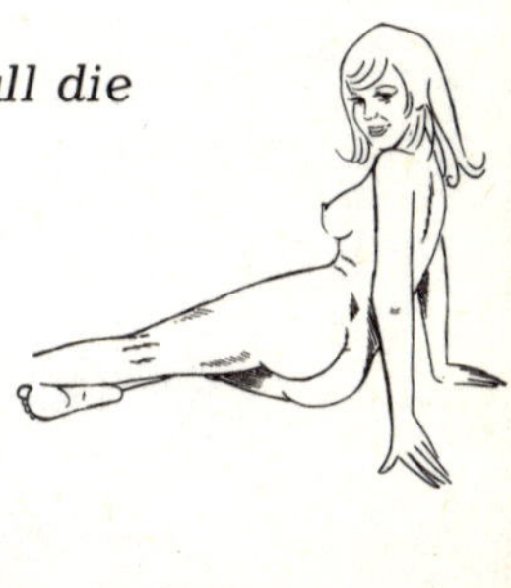

*»Herr Doktor«, klagt die junge Mutter, »ich habe schon fünf Kinder, was soll ich nur machen?«*
*»Nur keine Aufregung. Ich habe da einen kleinen Apparat konstruiert, der Ihnen helfen wird. Jede Garantie!«*
*Und zur Sprechstundenhilfe sagt er: »Holen Sie mir doch mal die kleine Schachtel, die auf dem Nachttisch meiner Frau steht!«*
*Wenig später kommt die Sprechstundenhilfe zurück: »Tut mir leid, Herr Doktor, Ihre Frau ist ausgegangen und hat die kleine Schachtel mitgenommen!«*

*Eine Straße muß aufgegraben werden, weil die Wasserleitung eingefroren ist. Einige Frauen schauen zu und unterhalten sich dabei.*
*Da kommt ein ihnen bekannter Arzt vorbei und meint: »Steht lieber nicht so lange in der Kälte rum, sonst friert euch eure Wasserleitung auch noch ein.«*
*Darauf schlagfertig eine der Frauen: »Nicht möglich, Herr Doktor, die unsere ist unter Verputz, aber Ihre hängt in der Luft.«*

*In der Sprechstunde erscheint eine Dame, die zum vierten Male heiraten möchte. Sie will sich vorher gründlich untersuchen lassen. Der Arzt fragt nach den Todesursachen der drei verstorbenen Ehemänner.*
*»Der erste und der zweite starben an Pilzvergiftung!«*
*»Und der dritte?«*
*»An Gehirnerschütterung! . . . Er wollte keine Pilze essen!«*

»Bitte ein Mittel gegen Schuppen!«

*Im Sanatorium ist es verpönt, sich bei Tisch über Krankheiten und die Kur zu unterhalten. Der neue Kurgast kennt diese Regel noch nicht und fragt beim Mittagessen seinen Nachbarn: »Wie wirkt der Brunnen bei Ihnen?«*
*Erschrocken sagt der: »Pscht!«*
*Da nickt der Neue zustimmend: »Bei mir auch. . .!«*

*Eine junge Frau ruft bei ihrem Hausarzt an. »Hab' ich bei Ihnen vielleicht mein Höschen vergessen?« fragt sie die Sprechstundenhilfe.*
*»Nein, hier liegt nichts!«*
*»Ach«, kommt da die Erleuchtung. »Dann habe ich es sicher beim Zahnarzt gelassen.«*

*Ein Dr. Walk aus London möchte den Stand der Medizin in Deutschland kennen lernen. Ein Professor lädt ihn eines Tages zu einer Party. Des Professors Töchterlein hat natürlich englisch gelernt und weiß, daß ›walk‹ im Deutschen ›Spaziergang‹ heißt. Nach einem Tanz mit dem Londoner Arzt flüstert sie diesem also zu: »Sollen wir in den Garten gehen und einen kleinen Walk machen?«*

*Inge klagt über verschiedene Beschwerden. Der Arzt hört geduldig zu und sagt: »Ehe ich eine Diagnose stellen kann, muß ich mich erst ein wenig näher mit Ihnen befassen. Ziehen Sie sich bitte aus und legen Sie sich dort auf das Sofa.«*
*Erstaunt blickt Inge auf die schmale Liegestatt und sagt: »Aber Doktorchen, darauf haben wir beide doch unmöglich Platz!«*

*Fränzchens Blinddarm streikt. Der Bub kommt also ins Krankenhaus.*
*Die Schwester, die ihn für die Operation vorbereitet, bemerkt schon einen leichten Flaum in der Nähe der Blinddarmgegend und will ihn abrasieren.*
*Mit einer Hand hält sie Fränzchens kommende Männlichkeit fest, mit der anderen führt sie geschickt das Rasiermesser.*
*Fränzchen schaut ihr zu und sagt nach einer Weile: »Jetzt können Sie ihn ruhig loslassen, Schwester, jetzt hält er von allein.«*

*Mit blauem Auge und Platzwunden am ganzen Körper kommt die junge Frau in die Praxis des Hausarztes. Sie gibt zu, daß die Verletzungen von ihrem Manne stammen.*
*»Ich dachte«, sagt der Doktor, »Ihr Mann sei verreist!«*
*»Das dachte ich auch.«*

*Die junge Frau geht zum Zahnarzt.*
*Zitternd und zagend nimmt sie auf dem Marterstuhl Platz, und der gutaussehende Zahnarzt untersucht behutsam den schmerzenden Zahn.*
*»Tut mir leid, mein Fräulein«, meint er bedauernd, »aber der Zahn muß heraus.«*
*»Um Himmels willen«, schreit sie, »nur das nicht, lieber noch ein Kind.«*
*»Gut, wie Sie wollen«, meint der Zahnarzt. »Dann muß ich aber den Stuhl anders stellen.«*

*Der neue Gesundheitsminister besichtigt ein Entbindungsheim. Um sich volksnah zu geben, fragt er eine werdende Mutter: »Wann erwarten Sie das freudige Ereignis?«*
*»Am 30. Januar, Herr Minister!«*
*Auch die danebenliegende Frau antwortet auf dieselbe Frage: »Am 30. Januar, Herr Minister!«*
*Als der hohe Herr ans dritte Bett geht, kommt ihm die Frau mit ihrer Antwort zuvor: »Mich brauchen Sie gar nicht erst zu fragen, ich war auf demselben Schützenfest.«*

»Der Grund für unseren Kindersegen«, sagt bedrückt der Ehemann zum Arzt, »ist unsere verdammte Wohnlage am Bahndamm! Jeden Morgen braust ein Schnellzug bei uns vorbei. Jeden Morgen wacht man auf davon! Nur ist es dann leider zu früh, um aufzustehen, und zu spät, um wieder fest einzuschlafen!«

Der Arzt war schon ein paarmal bei dem Schwerkranken gewesen. Als er nun wieder erschien, sagte ihm der Kranke, daß er noch einen anderen Arzt konsultiert hätte. »Er hat gesagt«, flüsterte der Patient, »Ihre Diagnose sei völlig falsch.«
»Na, gut«, ärgerte sich der Arzt, »bei der Leichenöffnung werden wir ja sehen, wer recht hatte.«

Sie war achtzehn und er dreißig. Sie waren allein.
Und sie wußte, daß er es heute tun würde.
Er beugte sich über sie, und sie begann zu zittern.
Sie schloß die Augen. »Ich habe Angst!«
»Nicht der Rede wert!«
Dann zog er den Zahn. . .

Medizinstudenten wurden aufgefordert, vier Gründe anzugeben, warum die Muttermilch für den Säugling besser sei als die Kuhmilch. Einer schrieb folgende Gründe nieder: »1. Muttermilch ist sauberer, 2. kann die Katze nicht dran, 3. ist sie leicht zu handhaben und 4. wird sie in hübschen Behältern geliefert.«

Ohne Worte

*In einer Apotheke druckst ein junger Mann lange herum. Er will etwas Bestimmtes, schämt sich aber, es auszusprechen.*
*Die hübsche Provisorin schiebt ihm schließlich verständnisvoll ein kleines Päckchen über die Ladentheke, wobei sie auch verlegen wird.*
*Am anderen Morgen kommt der Kunde wieder in die Apotheke und gibt das Päckchen zurück. »Entschuldigen Sie, aber wie soll ich denn damit meinen Durchfall behandeln?!«*

# Von Lehrern und Schülern

*Die Kinder sollten zu Hause einen Vogel malen. Bubis Bild ist nicht vollständig. Kritisiert die Lehrerin: »Dein Vogel hat ja keine Beine und keinen Schwanz.«*
*Da fängt Bubi zu heulen an: »Als ich meine Mama fragte, wo man bei Vögeln die Beine hinmacht, hat sie mir eine geklebt. Da mochte ich dann nach dem Schwanz gar nicht erst fragen!«*

*Hänschen schaut während des Unterrichts dauernd seine Lehrerin an. Als sie mal allein sind, sagt der Bub: »Ich liebe Sie, Fräulein!«*
*»Aber Hans, ich liebe doch keine Kinder.«*
*»Macht nichts«, meint Hänschen, »ich paß' schon auf. . .«*

*Fränzchen riecht jeden Morgen in der Schule nach Schnaps. Der Lehrer fragt darum den Bub, ob er denn Schnaps trinke.*
*»Ja, Herr Lehrer, das stimmt. Meine Mutter trinkt jeden Morgen einen Klaren, gibt auch dem Briefträger 'nen Klaren, und ich trinke auch einen. Mir macht das überhaupt nichts aus. Aber meine Mutter und der Briefträger sind danach immer so fertig, daß sie sich anschließend ins Bett legen.«*

Bubi muß ein paar Tage zur Oma, denn man erwartet Nachwuchs. Als er wieder nach Hause darf, liegt ein Schwesterchen in der Wiege.

Stolz erzählt Bubi der Lehrerin die Neuigkeit.

»Bubi«, sagt sie, »wie beneide ich dich um das Baby!«

»Och, Fräulein, das können Sie auch haben – da brauchen Sie bloß mal woanders zu schlafen. . .!«

In der Mädchenschule bespricht man die Symbolik der Farben. Rot: die Liebe; Gelb: der Neid; Blau: die Treue – und so weiter. Zugleich wird die Herkunft dieser Bedeutungen erklärt. Zum Beispiel weiß als die Farbe der Braut. Aber die Lehrerin bezeichnet das weiße Brautkleid nicht als Symbol der Unschuld, sondern als Ausdruck der Freude über den schönsten Tag im Leben einer Frau.

Worauf prompt die Frage gestellt wurde: »Und warum geht dann der Bräutigam in Schwarz?«

Die Schüler besichtigen die Stadt. Sie kommen auch an einer Frauenklinik vorbei. Da erklärt der Lehrer: »In diesem Hause werden die kleinen Kinder geboren.«

Und Franzel zeigt aufgeregt zu einem der Fenster hinauf: »Herr Lehrer, sehen Sie nur, da oben schaut schon eine Gebärmutter heraus.«

*»Wer kann mir sagen, was die Elemente sind?«*
*»Elemente, Herr Lehrer«, meint ein Schüler, »sind das Geld, das meine Mutter jeden Monat für mich bekommt!«*

*Der kleine Peter weigert sich, beim Vorlesen aus dem Lesebuch fortzufahren.*
*»Warum denn?« fragt der Lehrer.*
*»Was jetzt kommt, ist unpassend, Herr Lehrer!«*
*»Im Lesebuch steht nichts Unpassendes – lies weiter!«*
*»Auf Ihre Verantwortung, Herr Lehrer!« Und Peter liest: »Der Onkel, von der Reise ermüdet, war früh zur Ruhe gegangen. Als er kaum eingeschlafen war, wurde er durch das Po-chen des Dienstmädchens wieder geweckt.«*

*Religionsunterricht. »Wer war die Mutter des Moses?«*
*»Das war die Tochter vom Pharao.«*
*»Aber nein, die hat ihn doch bloß aufgefunden.«*
*»Sagt sie, Herr Lehrer.«*

*Aus Fritzchens Aufsatzheft:*
*»Wilhelm Tell schlug sich in die Büsche, drückte los, und das Werk der Befreiung war vollbracht.«*

*Die Lehrerin hat eine üppige Figur. Im Sommer trägt sie ein tiefes Dekolleté. Eines Tages korrigiert sie Fritzchens Hausaufgabe und beugt sich dabei über den Buben. Der guckt und guckt – aber nicht aufs Heft.*
*Die Lehrerin sieht es und sagt: »Wenn du weiter so guckst, kriegst du eine.«*
*Fritzchen staunt: ». . . und wer kriegt die andere?«*

*Der Lehrer legt zwei Stöße Hefte auf das Pult. »So«, sagt er, »hier habe ich zwei Haufen gemacht.«*
*Die Klasse lacht.*
*Der Lehrer wird wütend und meint:*
*»Wenn weiter gelacht wird, dann setze ich noch einen vor die Tür!«*

*»Brunner«, rief der Lehrer einen Schüler auf.*
*Niemand meldet sich.*
*»Brunner!« Wieder Schweigen.*
*»Du, steh' auf, du heißt doch Brunner«, sagt der Lehrer und deutet auf einen Schüler.*
*Der steht lässig auf. »Ich hieß Brunner, aber jetzt heiße ich Guckel – wir haben nämlich geheiratet!«*

*Der Lehrer fragt die Erstklässler nach dem Beruf des Vaters. »Und was ist dein Vater?« fragt er den kleinen Karl.*
*»Ich hab' keinen Vater, ich hab' nur einen Onkel, und der ist Neger bei den Amis.«*

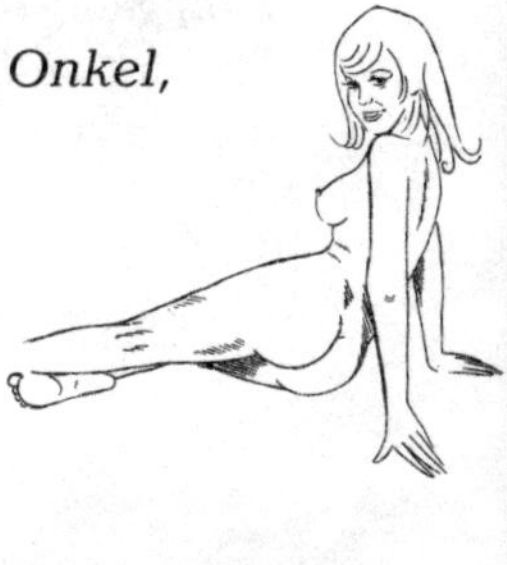

In Schwarz sieht man doch gleich viel angezogener aus . . .

*Die Schülerinnen werden von der Lehrerin über die Gefahren der Liebe aufgeklärt. Besonders die jungen Damen werden vor dem intimen Umgang mit Männern gewarnt.*
*»Hat noch jemand eine Frage?« fragt die Lehrerin zum Schluß.*
*Meldet sich eine Schülerin schüchtern: »Was trägt man eigentlich bei solcher Gelegenheit?«*

# Wo der Gast König ist

*Der Herr Oberlehrer erhält im Restaurant seine Rechnung. Er liest sie durch und sagt: »Herr Ober, die fünf Mark für das Omelette sind in Ordnung, aber Omelette muß mit zwei T geschrieben werden!«*
*»Entschuldigen Sie bitte, mein Herr!« erwidert der Ober und schreibt eine neue Rechnung: »Ein Omelett mit zwei Tee 8,60 Mark.«*

*Morgens um fünf Uhr weckt der Wirt energisch den tief schlafenden Gast.*
*»Aber hören Sie mal«, beschwert sich der entrüstet, »ich will doch erst um acht Uhr geweckt werden!«*
*»Weiß ich, weiß ich«, beschwichtigt ihn der Wirt, »aber der Gast von nebenan will frühstücken und Sie schlafen auf unserem Tischtuch. . .!«*

*Sagt Otto zum Stammwirt: »Ruf doch mal schnell meine Frau an und sag ihr, daß ich zwei Stunden später komme.«*
*Der Wirt tut's. Otto fragt ihn: »Was hat sie gesagt?«*
*»Och, nichts weiter«, antwortet der Wirt, »sie hat nur gefragt, ob sie sich fest darauf verlassen kann!«*

*Der Gastgeber ruft ins Treppenhaus dem letzten Gast nach: »Soll ich Ihnen noch Licht machen?«*
*»Nein, das ist nicht nötig. Ich liege schon unten!«*

*Meier säuft wie ein Loch und raucht wie ein Fabrikschornstein. Seine Frau hängt ihm einen Spruch übers Bett: »Alkohol und Nikotin machen die halbe Menschheit hin.« Kritzelt Meier darunter: »Aber ohne Schnaps und Rauch stirbt die andere Hälfte auch.«*

*»Warst du schon mal so besoffen, daß du eine Frau auf den Nabel geküßt hast?«*
*»Mann, o Mann – ich war schon viel besoffener!«*

*Im Wilden Westen stapft ein Mann in den Saloon und schreit: »Ist denn in diesem Saftladen nichts los?«*
*»Im Augenblick nicht«, sagt der Wirt, »die Boys begraben gerade einen Gast, der hier hereinkam und fragte, ob denn in diesem miesen Saftladen nichts los sei.«*

*Ede steht mit Lude vor dem Giraffenhaus. »Du, Ede«, sagt Lude, »Mensch, den Hals und dann 'nen Kümmel!«*

*Der Ober räumte das Geschirr ab und fragte den Gast: »Wie fanden Sie unser Schnitzel?«*
*»Indem ich die Kartoffeln und das Gemüse beiseite geräumt habe. . .!«*

Reizend von Ihnen, uns zu sagen, daß wir uns wie zuhause fühlen sollen . . .

*Ein Gast bestellte sich Gulasch mit Knödeln. Es wurde ihm aufgetischt, aber nachdem er ein wenig davon gekostet hatte, fragte er mißtrauisch den Wirt: »Sagen Sie, Herr Wirt, ist das nicht alles vom Pferd?« Empört sich der Wirt: »Erlauben Sie mal – die Knödel nicht!«*

*»Es ist einfach furchtbar«, schreit die Ehefrau, »in welch besoffenem Zustand du wieder nach Hause kommst! Ich finde keine Worte mehr!« – »Oh«, lallt der Betrunkene, »das macht diesen Abend erst richtig schön!«*

»Natürlich habe ich Sie zum Kaffee eingeladen, aber ich trinke immer im Bett Kaffee.«

*Pirkler hat zuviel vom »Sauser« genossen, kommt betrunken nach Hause und ruft schon an der Tür seinem Weib zu: »Lina, bring mit gleich den Kübel, i muaß brechn.«*
*Als sie dann mit dem Kübel kommt, brummt er: »Bring mir lieber frische Unterhosen, ich hab mich nämlich anders besonnen!«*

*Eine Dame will in einem Restaurant eine Fliege fangen. Sie muß sich bei der Jagd etwas bücken und dabei geschieht ihr etwas Menschliches. Meint der Oberkellner, der sie beobachtet hat:*
*»Das war mal richtig, daß sie geschossen haben, denn sonst hätten sie das Biest doch nicht erwischt.«*

# Harmlose Irre

Ein Irrer wird eingeliefert. Der Arzt deutet auf seine Hand und fragt: »Was ist das?« – »Das ist ein Bein!« sagt der Irre.
Nach drei Wochen scheint der Irre es geschafft zu haben. Wieder deutet der Arzt auf seine Hand und fragt: »Was ist das?« – »Das ist eine Hand«, antwortet der Irre. – »Und was ist das?« fragt der Arzt und deutet auf seinen Fuß. – »Das ist ein Fuß!«
Darauf bekommt der Irre seine Entlassungspapiere. Wieso er das so schnell geschafft habe, will der Arzt wissen. Da deutet der Irre an seine Stirn und meint lächelnd: »Popöchen, Herr Doktor, Popöchen!«

Ein Irrer meldet sich als Neuzugang beim Anstaltsdirektor. »Gestatten, Herr Direktor – ich bin Lord Nelson.«
Der Direktor sieht den Irren prüfend an und sagt dann: »Lord Nelson? Das geht nicht, ich habe schon einen Herrn dieses Namens auf Zimmer 308 liegen. Das beste ist, ich lege Sie diese Nacht zu dem Herrn. . .«
Gesagt – getan.
Am nächsten Morgen kommt der Direktor ins Zimmer 308, und als er nach Lord Nelson fragt, meldet sich der, der sich immer schon so nannte.
»Und Sie heißen nicht mehr Lord Nelson?« fragt der Direktor den anderen. »Wer sind Sie denn jetzt?«
»Lady Hamilton«, stellte sich der Neuzugang vor.

*Ein Irrer führt immer eine Zahnbürste an einer langen Leine spazieren. Und er behauptet von der Zahnbürste: »Das ist mein Hund, mein Fiffi.«*
*Eines Tages begegnet ihm der Chefarzt, der ihn ebenfalls nach der Zahnbürste befragt.*
*»Das ist meine Zahnbürste«, antwortet der Irre. Als der Chefarzt aber außer Hörweite ist, dreht sich der Irre zur Zahnbürste herum und sagt: »Gell, Fiffi, den haben wir aber aufs Ärmchen genommen!«*

*Eine Irrenanstalt wird per Flugzeug verlegt. 5000 Meter über dem Meer herrscht in der Kabine ein wahnsinniges Getöse. Der Pilot wird langsam nervös, er fordert die Irren über Lautsprecher auf, endlich ruhig zu sein.*
*Ohne Erfolg. Da geht der Kopilot in den Passagierraum – und plötzlich ist es mäuschenstill.*
*Nach seiner Rückkehr fragt ihn der Kapitän, wie er das erreicht habe.*
*»Ich hab' bloß die Einstiegtür aufgemacht und gesagt: ›So Kinder, nun spielt mal schön im Hof weiter!‹«*

*Besucher der Irrenanstalt: »Müssen Sie hier Männer und Frauen getrennt halten?«*
*»Natürlich, so irre sind die Leute nun auch wieder nicht.«*

Das kommt davon

*Ein Maler, der die Decke eines Zimmers der Irrenanstalt weißen soll, trifft abends den Anstaltsarzt. Der Maler hat den Kopf verbunden, den Arm in der Schlinge und hinkt.*

*»Was ist denn mit Ihnen los?« fragt der Arzt.*

*»Ei, Herr Doktor, ich hab uff der Leiter gestanne und die Deck geweißt. Da kam einer von ihre Irre vorbei und hat gesagt: ›Halt dich mal an Augenblick am Pinsel fest, ich brauch die Leiter.‹«*

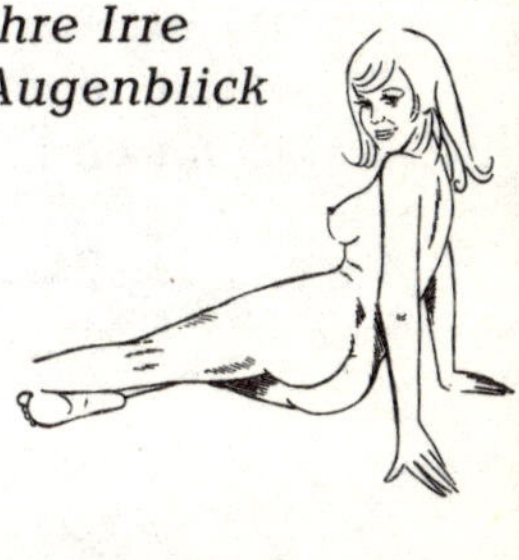

# Andere Länder – andere Sitten

*Ein Schotte heiratete und kaufte für die Flitterwochen eine ganze Tafel Schokolade. Vorsichtig brach er eine Kleinigkeit ab und spendierte sie seiner jungen Frau. Ein zweites Stück gab es auch dann nicht, als die Herzallerliebste schüchtern fragte, ob sie noch etwas haben könnte. »Nein«, antwortete der junge Ehemann, »das bleibt für die Kinder!«*

*Ein millionenschwerer Amerikaner will den besten Computer der Welt kaufen. Man führt ihn vor. Er weiß alles.*
*Der Amerikaner fragt: »Wo ist mein Bruder?«*
*Der Computer antwortet: »Er macht eine Urlaubsreise durch Europa.«*
*»Wo ist mein Vater?«*
*»Er sitzt am Hudson River und fischt.«*
*»Nein«, brüllt der Amerikaner. »Er ist vor drei Jahren gestorben.«*
*Der Computer antwortet: »Das war nicht Ihr Vater, sondern der Gatte Ihrer Mutter.«*

*Zwei Astronauten kommen von der Venus zurück. »Natürlich gibt es dort oben Frauen«, erklären sie den Reportern, »aber die haben den Busen auf dem Rücken.«*
*»Ach, muß das beim Tanzen schön sein«, seufzte drauf einer der Zeitungsleute.*

*Die Amerikaner landen als erste auf der Venus. Statt einer unwirtlichen Gegend finden sie eine gepflegte Landschaft vor mit seltsamen kugelförmigen Häusern ganz aus Glas. Als sie in eines hineinschauen, sehen sie ein bildhübsches, nacktes Mädchen in einem Laboratorium herumhantieren.*
*»Was machen Sie denn da?« wollen die Raumforscher wissen.*
*»Kinder«, antwortet die Nackte.*
*»So macht ihr das. Auf der Erde ist das aber viel vergnüglicher.«*
*»So? Zeigen Sie mal!« befiehlt die Venus-Schöne kategorisch, und der Raumfahrer kommt dem Wunsch mit Vergnügen nach.*
*»Und wo bleibt jetzt das Kind?« fragt das Venus-Mädchen danach.*
*»Das kommt erst in neun Monaten«, sagt der Amerikaner.*
*»Was«, fängt sie an zu schimpfen, »und da hören Sie jetzt schon auf?«*

*Ein Amerikaner führt seiner deutschen Freundin seinen neuen schicken Wagen vor.*
*Er drückt auf einen Knopf, das Dach versinkt im Kofferraum. Noch ein Knopfdruck: die Sitze werden zu Liegesitzen. Ein weiterer Knopf wird gedrückt: Der Ventilator wirbelt dem Mädchen den Rock hoch.*
*Da seufzt das Fräulein: »Macht Ihr Amis denn eigentlich nichts mehr mit der Hand?«*

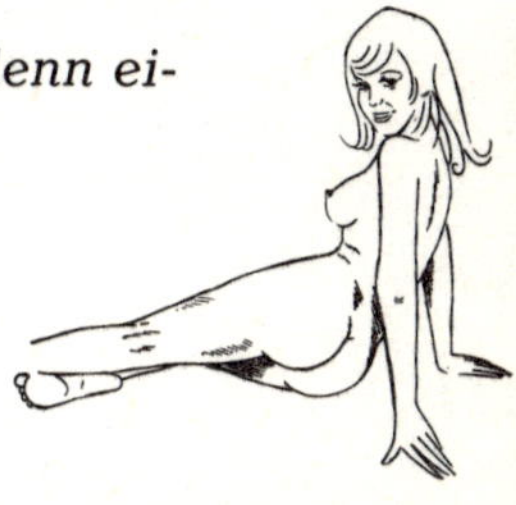

*Ein Häuptling aus Afrika kam mit dem Flugzeug nach London und wurde von Reportern empfangen. »Guten Morgen«, sagte der eine. »Hatten Sie einen angenehmen Flug?«*
*Der Häuptling gab eine Reihe rauher Laute von sich – Tuten, Quietschen, Kreisen, Pfeifen, ein langes Zischen – und sagte dann in einem tadellosen Englisch: »Danke, ausgezeichnet!«*
*»Wie lange beabsichtigen Sie hier zu bleiben?« fragte der Reporter weiter.*
*Der Häuptling ließ wieder die Geräusche ablaufen und antwortete dann: »Etwa drei Wochen.«*
*»Sagen Sie mir bitte«, forschte der erstaunte Reporter, »wo haben Sie so ein ausgezeichnetes Englisch gelernt?«*
*Nach erneutem Tuten, Quietschen, Kreischen, Pfeifen, langgezogenes Zischen antwortete der Häuptling: »Kurzwellenradio.«*

*Der Kannibalenhäuptling hat eine blonde Touristin gefangen. Er zerrt sie in seine Hütte.*
*Nach einer Weile hält es das hungrige Kannibalenkind nicht mehr aus.*
*Es wirft einen Blick in die Hütte und heult los: »Mami, huhuhu, Papa liegt auf unserem Mittagessen!«*

*»Meine Herren«, erklärt der Reiseführer, »wir fahren gerade am berühmtesten Bordell von Florenz vorbei.«*
*Ruft jemand von hinten: »Warum eigentlich?«*

*Ein Russe trinkt Wodka.*
*Er schmeckt ihm nicht. »Genosse, gib mir besseren Wodka!«*
*Der Barkeeper überlegt, gießt in ein Glas etwas Salzsäure und füllt mit Wodka auf. Aber auch der schmeckt dem Kunden nicht.*
*Der Barkeeper nimmt also ein Glas Salzsäure und spritzt nur ein paar Tropfen Wodka hinein. Und der Kunde trinkt und trinkt und trinkt.*
*Am nächsten Abend kommt er wieder. Der Barkeeper fragt neugierig:*
*»Genosse, wie ist Ihnen der Wodka gestern abend bekommen?«*
*Der Angesprochene strahlt:*
*»Wodka wunderbar – mußt nur vorsichtig sein, wenn du gehst aufs Klo pinkeln: ein Tropfen auf Schuh – Leder kaputt!«*

*Überall in der Welt wird vor den Gefahren der Zukkerkrankheit gewarnt. Also bleibt es auch dem guten McBride bei allem schottischen Geiz nicht erspart, den Arzt aufzusuchen. Der Doktor prüft die Urinprobe. Dann verkündet er: »Es ist alles okay!«*
*McBride grinst ungläubig: »Kein bißchen Zucker?«*
*Der Doktor schüttelt den Kopf und kassiert die Rechnung. Dann bittet McBride ihn, einmal telefonieren zu dürfen. Der Doktor nickt. McBride wählt und spricht: »Hallo, Frauchen, stell dir vor, weder du noch ich, noch Opa und Onkel George haben Zukker!«*

*Ein amerikanischer Farmer ist gezwungen, für ein paar Monate zu verreisen. Die Geschicke der Farm legt er für diese Zeit in die Hände seines vertrauenswürdigsten Cowboys. »Behandle alles so, als wenn es dein Eigentum wäre«, sagt er.*
*Der Cowboy ist einverstanden.*
*Nach seiner Rückkehr findet der Farmer alles in bester Ordnung, der Weizen steht sogar besser, die Hühner legen mehr Eier, und die Kühe geben Milch wie nie.*
*Anerkennend schlägt er dem Cowboy auf die Schulter.*
*Der kann über einen weiteren Erfolg berichten. »Boß«, sagt er stolz, »es ist mir sogar gelungen, das monatliche Unwohlsein bei Ihrer Tochter wegzubringen!«*

*Kannibalen unter sich.*
*»Am liebsten esse ich Minister – mit schön viel Fleisch und wenig Rückgrat!«*

*Ein Deutscher läßt sich von einem schönen Schwedenmädel massieren. Während der Arbeit, fragt sie plötzlich: »Ok Svenske?« (Auch Schwede?)*
*Der Deutsche – des Schwedischen nicht mächtig – versteht falsch: »Aber ja, sehr gern!«*

# Thema 1 mit Variationen

*Eine neue Sekte hat sich in einem amerikanischen Städtchen aufgetan. Mit Musik und Trara. Die Vorsitzende hieß Miss Young.*
*Sie stand in der Mittagspause auf dem Fabrikhof und predigte verzückt.*
*»Andächtige«, rief sie, »gestern noch schlief ich in den Armen des Satans, heute ruhe ich am Busen des Engels.«*
*Fragte einer interessiert: »Und morgen – sind Sie morgen noch frei, Miss Young?«*

*Freundinnen unter sich.*
*»Neulich, meine Liebe, war ich am Rhein und habe eine Ruhr bekommen!«*
*»Mir erging es noch schlimmer, ich war neulich an der Ruhr. . . .!«*

*Ein Herr läßt sich in einem teuren Kosmetiksalon die Fingernägel maniküren. Das hübsche junge Mädchen nimmt das Manikürtablett zwischen die Knie.*
*Nachdem sie seine Nägel geschnitten hat, fragt die Schöne: »Wie hätten sie's gern: Soll ich Ihnen die Haut abschneiden, oder soll ich sie lieber zurückschieben?«*
*Antwortet der Herr: »Ach, lassen Sie mal. Wenn Sie Ihre Knie so lassen, geht sie ganz allein zurück.«*

In welchem Regal liegen denn solche leckeren Sachen?

*Die Frau eines Pflanzers in Afrika bittet den Gatten, den Boy zu entlassen. Der Mann sieht jedoch nicht ein, warum er das tun soll, und der Boy bleibt. Eines Tages kommt er früh von der Jagd zurück und sieht, wie seine Frau und der Boy eng umschlungen im Bett liegen. »Ich hatte dich gewarnt«, sagt die Erwischte. »Aber du mußt es ja schwarz auf weiß haben!«*

*Zwei Freunde begrüßen auf der Straße eine Dame:*
*»Woher kennst du sie denn?«*
*»Von der Bankzentrale . . . und du?«*
*»Vom freien Verkehr.«*

*Eine hübsche junge Dame trägt unter jedem Arm Pakete, ein zu enger Rock stört sie beim Gehen. Mühsam langt sie nach hinten, um den Reißverschluß etwas zu öffnen, als sie den Omnibus besteigen will. Aber es reicht nicht, um das Trittbrett zu erreichen. Also öffnet sie noch ein Stück. Die Menge hinter ihr reagiert unruhig – da packt ein Herr die Dame von hinten und hebt sie in den Wagen, wobei er sogar noch ihren Nacken küßt.*
*»Was erlauben Sie sich«, herrscht die junge Hübsche ihn an, »wir kennen uns doch gar nicht!«*
*Der Herr entschuldigt sich: »Ich dachte, nachdem sie zweimal meine Hosentüre aufgemacht haben, wir seien gute Freunde. . .!«*

*Ein alter Junggeselle gesteht: »Ich und heiraten? Für die paar Platzpatronen, die ich noch zu verschießen habe, brauche ich keinen eigenen Schießstand mehr . . .«*

*Was ist denn der Bräutigam Ihrer Tochter?«*
*»Ungarischer Rittmeister.«*
*»Wunderbar.«*
*»So wunderbar ist das nicht, der Pengö steht doch so schlecht.«*
*»Ist wohl schon ein älterer Herr?«*

*Drei Frauen stehen vor der Himmelstür.*
*Petrus fragt sie, was sie Gutes getan hätten.*
*Der erste sagt: »Ich habe Kranke und Alte gepflegt!«*
*»Gut, du kommst herein!«*
*Die zweite meint: »Ich habe jeden Tag vier Stunden lang gebetet!«*
*»Okay, herein mit dir.«*
*Die dritte ist sichtlich verlegen: »Meine Lieblingsbeschäftigung war die körperliche Liebe. Ich bin Nymphomanin.«*
*Darauf Petrus: »Bevor du 'reinkommst, gehe hinter Wolke sechs – ich komme gleich!«*

*Erst kurz vor der Grenze fällt Hugo auf der Heimreise ein, daß er noch kein Mitbringsel für seine Frau hat. Rasch ersteht er an einem Kiosk einen Minischirm und steckt ihn in die Hosentasche.*
*Bei der Grenzkontrolle muß sich Hugo einer Leibesvisitation unterziehen. Der Zollbeamte tastet ihn von oben bis unten ab und fühlt auch den Minischirm.*
*»Was ist das?« fragt er streng.*
*»Eine süße kleine Überraschung für meine Frau!«*
*Worauf der Zöllner anerkennend nickt: »Dann fahren Sie aber mal ganz rasch nach Hause. Vielleicht hält's an!«*

*Seufzte am Morgen nach der Hochzeitsnacht die junge Braut: »Und der Ehering ist mir auch zu klein . . .«*

*Der Stammtisch fällt aus, der Ehemann eilt nach Hause. Im Flur trifft er einen Gastarbeiter.*
*»Was geht hier vor?« fragt er erstaunt.*
*»Nix geht vor – erst Pietro, dann ich – dann du!«*

*Fridolin, der schon neun Kinder hat, trifft den Hannes, der erst zwei hat. »Sag, wie machst du das?«*
*»Nun«, sagt Hannes, »jedesmal, wenn ich mit meiner Frau zusammen bin, zieh ich ihr kurz vor dem Höhepunkt ein Haar unten raus; da zuckt sie erschrocken zurück, und es passiert nix.«*
*Nach einem halben Jahr treffen sie sich wieder. Fridolin bedankt sich für den guten Rat, und wird vom Hannes beglückwünscht. Aber Fridolin ist traurig: »Wie soll das bloß weitergehen, wir haben nur noch für 14 Tage Haare!«*

*Zwei Callgirls tauschen ihre Erfahrungen aus. »Wie bist du mit diesem Industriemanager zurechtgekommen?«*
*»Nicht allzu gut, er wollte nur in einem Sarg.«*
*»Hat dich das denn gestört?«*
*»Mich weniger, aber die sechs Träger.«*

*Josef versucht, mit einer jungen Dame zu flirten. Da sie aber darauf nicht reagiert, wird er immer dreister.*
*Wütend zischt sie plötzlich:*
*»Sie können mich mal!« Lacht Josef: »Na prima! Eigentlich wollte ich auch nicht mehr.«*

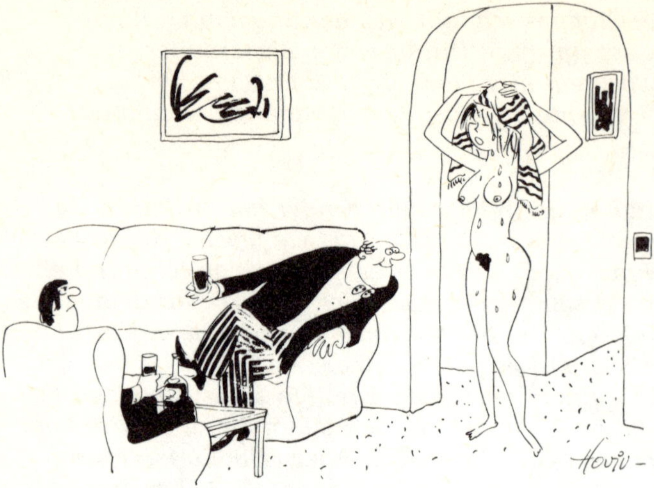

Herbert, sag mir bitte rechtzeitig Bescheid, wann dein Chef kommt...

*Klaus fragt seine neue Bekannte: »Wollen Sie bei mir ein paar Schallplatten hören?«*
*»Ja, aber nur, wenn Sie mir versprechen, daß es bei den Schallplatten bleibt.«*
*»Klar, das verspreche ich Ihnen.«*
*»Und was tun wir, wenn mir Ihre Platten nicht gefallen?«*
*»Na, dann ziehen Sie sich einfach wieder an und gehen nach Hause.«*

# Ein bißchen Theater

*Zum Theaterdirektor kommt ein junger Mann: »Wie ich höre, suchen Sie einen Masseur. Für dreihundert Mark massiere ich Ihnen sämtliche Tänzerinnen. . .« Der Theaterdirektor nickte: »Wenn Sie das Geld bei sich haben, können Sie gleich anfangen!«*

*Blau ist mit seiner Frau im Theater.*
*Das Corps de Ballet begeistert ihn. »Sarahleben«, schwärmt er seiner Frau vor, »die dritte von links mit den langen Beinen könnte ich sofort auf der Bühne vernaschen!«*
*Frau Blau kennt ihren Mann lange genug, weshalb sie leise zurückfragt: »Nu, und was werste machen, wenn die Leute rufen ›da capo‹?«*

*Premiere im Komödienhaus. Seit Wochen ist es ausverkauft. Aber ein Platz bleibt leer.*
*Darüber wundert sich eine Dame sehr, worauf sie eine andere aufklärt: »Der Platz gehörte meinem verstorbenen Mann.«*
*»O, Entschuldigung, aber hätten Sie die Karte nicht einem Ihrer Verwandten oder Bekannten geben können?«*
*»Das war nicht möglich«, antwortet die Witwe, »die sind doch alle noch auf der Beerdigung!«*

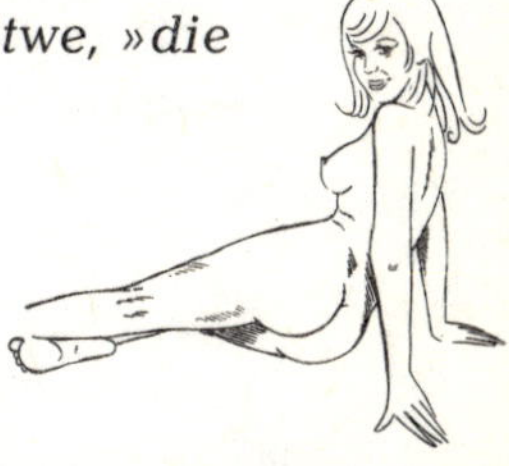

Ohne Worte

*»Warum schlägt der Kapellmeister mit dem Taktstock nach der Sängerin?«*
*». . . aber er schlägt sie doch nicht.«*
*»Warum schreit sie dann so?«*

# Mißverständnisse

*Ein Herr kommt bei einem Autounfall ums Leben. Wachtmeister Huber wird vom Reviervorsteher beauftragt, der Frau des Verunglückten das Unfaßliche schonend mitzuteilen.*
*Er schellt an der Tür. »Verzeihung, sind Sie die Witwe Meier?«*
*»Ich bin keine Witwe, mein Herr!«*
*»Wetten. . .?!«*

*»Stehst du auf üppige Busen?«*
*»Bisher habe ich immer nur drauf gelegen!«*

*Eine Frau am Steuer zu ihrer Freundin: »Hast du noch Worte? Jetzt sieh' dir mal an, wie dicht dieser Idiot da vor mir herfährt!«*

*»Na, was fehlt Ihnen denn, Herr Huber?«*
*»Ich rede im Schlaf, Herr Doktor!«*
*»Ist das denn wirklich so schlimm, daß Sie zur mir kommen müssen? Oder stört es Ihre Frau?«*
*»Nein, aber das ganze Büro lacht über mich!«*

*Fragt jemand nach einem verlorenen Spiel den Schiedsrichter: »Wie heißt eigentlich Ihr Hund?«*
*»Hund? Ich hab' doch gar keinen!«*
*»Was – blind und keinen Hund?!«*

*Der deutsche Tourist verläßt voller Erwartung das Schiff, das auf einer Südseeinsel angelegt hat. Sofort macht sich ein Eingeborener an ihn heran. »Hab' schönes Mädchen für Sie, sechzehn Jahre und noch Jungfrau!«*
*Der Tourist lehnt entrüstet ab.*
*»Nun, wie wär's mit einer 14jährigen?«*
*»Hören Sie bloß auf«, sagt der Tourist böse, »ich will den deutschen Konsul!«*
*»Oh, wird sein sehr teuer, aber werde natürlich versuchen. . .«*

*Der Haussegen hängt schief, man droht mit Scheidung und streitet, wem dann das Kind gehöre.*
*»Schließlich«, sagt die Mutter erbost, »hab ich das Kind auf die Welt gebracht . . .«*
*Der Vater brüllt: »Wenn ich in einen Automaten eine Mark werfe und es kommen Zigaretten heraus – wem gehören dann die Zigaretten . . . mir oder dem Automaten?«*

*Ein Vertreter fährt über die Dörfer. Auf der Landstraße winkt ihm eine alte Bäuerin und fragt ihn, ob sie wohl ein Stück mitfahren dürfe. Bereitwillig öffnet er die Wagentür und läßt die alte Frau einsteigen.*
*Ein paar Dörfer weiter geht ihm das Benzin aus. Der Motor tuckert ein paarmal – aus. Tröstend erklärt der Vertreter: »Sehen Sie, Oma, jetzt steht er!«*
*Da kreischt die Alte auf: »Hab' ich mir doch gleich gedacht, daß Sie mich nicht umsonst mitnehmen!«*

*Rundfunkreportage vom Skirennen. Der Reporter berichtet: »Tausende standen an den Hängen und Pisten . . .«*
*Da meint Frau Knubbel kopfschüttelnd zu ihrem Mann: »Du, das hätten die aber auch zu Hause machen können!«*

*Ein Gelegenheitsarbeiter bemerkt Speisereste am Bart eines anderen. »Ich kann dir sagen, was du gestern gegessen hast.«*
*»Nun, sag!«*
*»Also Linsen.«*
*»Gefehlt, vorgestern!«*

*Ein Fahrgast liebkost in der Straßenbahn recht auffällig eine junge Frau. »Sie«, brummt der Schaffner böse, »das gibt's hier aber nicht, verstanden!«*
*Entschuldigt sich der Fahrgast: »Ich dachte, wir wären hier im Triebwagen!«*

*Der Computer wird befragt: »Was ist schöner als Geschlechtsverkehr?«*
*Antwort: »Fußpilz.«*
*Ratlosigkeit. Man fragt erneut, aber die Antwort bleibt dieselbe: »Fußpilz.«*
*Also stellt man eine Zusatzfrage: »Warum ist Fußpilz schöner als Geschlechtsverkehr?«*
*Der Computer antwortet: »Juckt länger!«*

*Eine Kannibalen-Kompanie marschiert vorbei. »Nanu«, staunt ein Zuschauer, »haben die jetzt weiße Offiziere?«*
*»Das sind keine Offiziere«, sagt ein anderer, »das ist die Marschverpflegung.«*

*»Der alte Kunze hat alles, was er hinterließ, dem Kinderheim vermacht!«*
*»Was hat er denn hinterlassen?«*
*»Sieben Kinder!«*

*Die Turner hatten Stiftungsfest und gehen, als der Tag schon graute, nach Hause.*
*Sie lärmen so, daß ein Polizist glaubt, einschreiten zu müssen. »Wie heißen Sie?« fragt er den ersten. – »Frisch.« – »Und Sie?« – »Fromm.« – »Und Sie?« – »Fröhlich.«*
*Als er sich an den Vierten wendet, macht der Polizist sein pfiffigstes Gesicht. »Und Sie heißen Frei?«*
*»Nein«, sagt der, »das ist ja gerade der Witz: ich heiße Schulze.«*

*Schwäbisches Eisenbahnabteil. Ein Mann klatscht alle 30 Sekunden in die Hände. Das fällt einem Mitreisenden auf die Nerven.*
*»Saget Sie, Herr Nachbar, worum klatschet Sie alleweil in d'Händ?«*
*»Hano, i will halt nach Klatschbach fahre, un ohne Klatsche vergess i sonscht de Name von dem Ort.«*
*Darauf der Mitreisende: »Bin i froh, daß Sie nit nach Pforzheim fahret!«*

Ohne Worte

*Der Schützenverein hat Fahnenweihe.
Durch Anschlag wird daher bekanntgegeben:
»Sonntagnachmittag Weihe der Fahne durch vier Ehrenjungfrauen. Danach Enthüllung derselben.«*

*»Ein Kompliment muß ich dir machen, Gustav: Du bist doch entschieden besser, als deine Frau überall herumerzählt!«*

*»Stell' dir vor«, empörte sich die getreue Gattin, als sie aus den Ferien zurückkam, »diese schamlosen Weiber am Strand: oben ohne und unten fast nichts!«
»Na, die hätten was erleben können, wenn ich dabei gewesen wäre!« sagte der Gatte.*

# Leute, die Geschichten machen

*Großvater, Vater und Sohn fahren zusammen nach Paris.*
*Der Sohn war noch nie dort, deshalb darf er es am Abend als erster besichtigen. Die beiden älteren Herren erwarten seine Rückkehr. So gegen zwei Uhr stolpert der Junge in die Halle und sprudelt los: »Dieses Paris . . . eine herrliche Stadt, diese Lichter, diese Lokale, diese Frauen, einfach zauberhaft!«*
*Am nächsten Abend geht der Vater. Bei ihm dauert der Ausflug länger. Er trifft erst um fünf Uhr im Hotel ein. Nach dem Abend befragt, antwortet er genießerisch: »Ach, Paris ist doch eine herrliche Stadt, diese Lichter, die Lokale, die Frauen . . .!«*
*Am dritten Abend zieht der Großvater los. Vater und Sohn warten auf ihn, aber zum Frühstück ist der Großvater noch nicht zurück, auch nicht zum Mittag- und Abendessen.*
*Vater und Sohn machen sich Sorgen, als auch der folgende Tag ohne Großvaters Rückkehr vergeht. Am dritten Tag wollen sie gerade die Polizei verständigen, da schwebt der alte Herr mit einem selig verklärten Lächeln in die Halle. Die beiden stürzen sich auf ihn und überhäufen ihn mit Vorwürfen. »Ich weiß gar nicht, was ihr wollt«, wehrt der Großvater ab. »Es war eine herrliche Zeit, Paris ist eine zauberhafte Stadt, diese Lichter und diese Lokale. Und die Frauen . . . diese Geduld . . .!«*

Und das, Chef – möbelt Sie das nicht wieder ein bißchen auf?

*Ein Tourist findet nach langer Wanderung weder das Dorf noch sein Hotel. Da es schon dunkel und kalt ist, ist er froh, als er einen Einödhof erreicht. Er klopft, verschlafen öffnet der Bauer.*
*»Darf ich bei Ihnen ein Bett mieten, ich habe mich verlaufen?«*
*»Nein, alle Betten sind voll, aber schlafen Sie doch bei der Magd auf dem Heuboden!«*
*Der Tourist klettert im Dunklen hinauf und versucht zu schlafen. Er hört die Magd atmen und rutscht – wegen der Kälte – immer näher. Schließlich passiert es. Da bemerkt er: »Na, der erste war ich aber auch nicht bei dir?«*
*Und die Magd kichert: »Nein, aber der letzte, ich gehe nämlich morgen ins Altersheim.«*

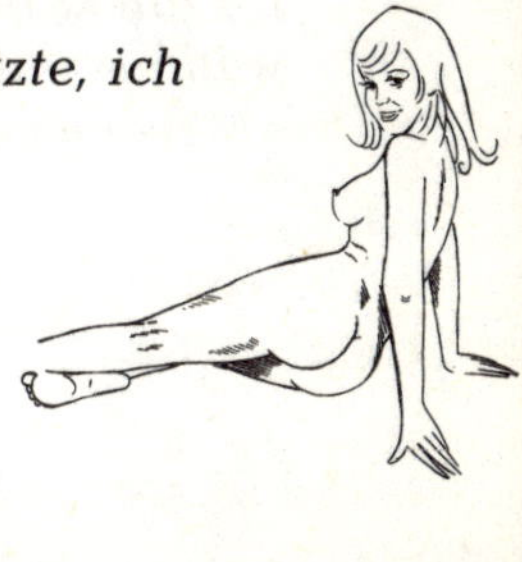

*Zwei Mädchen treffen sich. »Stell dir vor«, berichtet ganz aufgeregt die eine, »gestern habe ich in der Straßenbahn einen tollen Mann kennengelernt. Als wir im Stadtpark spazierengingen, ist er gleich zudringlich geworden!«*
*»Hast du denn da nicht sofort um Hilfe gerufen?«*
*»Wieso – der hat's doch schon allein können!«*

*Ein älteres Fräulein näht häufig für Patienten des Krankenhauses.*
*Einmal liefert sie auch einen Schlafanzug, hat aber den Schlitz in der Hose vergessen.*
*Von der Schwester aufmerksam gemacht, meint sie treuherzig: »Na, geben Sie ihn halt einem Junggesellen.«*

*Ein Mann kommt zu einem Maler und bestellt eine »Leda mit Schwan«.*
*»Vorher oder nachher?« fragt der Maler unmißverständlich.*
*Der Kunde überlegt: »Am liebsten während.«*

*Die Dame des Hauses fragt die Perle leutselig: »Nun, Minna, wer von uns ist Ihnen denn am liebsten?«*
*»Selbstverständlich Sie, gnädige Frau!«*
*»Sehr lieb, und wer dann?«*
*»Ihre süßen Kinderchen, gnädige Frau!«*
*Da blickt der Herr des Hauses auf und fragt: »Und wann komme ich?«*
*»Meistens nachts um halb eins, gnädiger Herr!«*

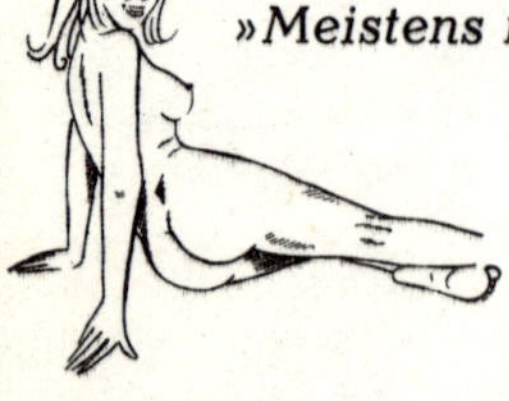

Die Wände sind sehr dünn und ich will nicht, daß die Nachbarn alles mitkriegen . . .

*Zwei Männer sitzen in einem Eisenbahnabteil. Zieht der eine die Nase hoch und fragt seinen Nachbarn empört: »Sie – haben Sie vielleicht in die Hose gemacht?«*
*Antwortet der andere: »Ja – warum?«*

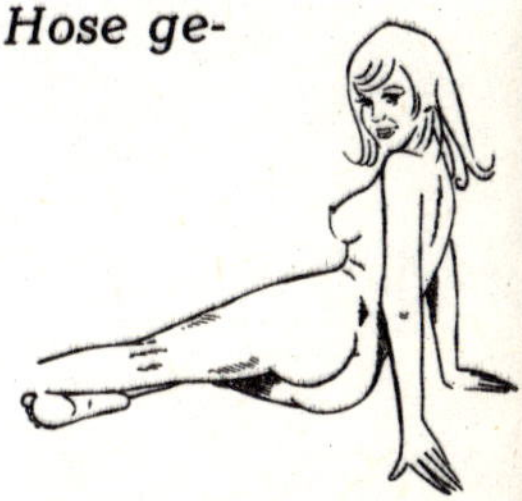

*Der Pfarrer erkundigt sich nach den letzten Stunden der Frau des Großbauern. »Mei Hochwürdn, zerst hat's ma gestandn, daß mei Ältester net von mir ist. Ich hab's ihr verziehn. Dann hat's gesagt, daß mei Dirndl a net von mir is, sondern vom Großknecht! Weil i gesehn hab', daß bald aus is, hab' ich ihr halt des a verziehn. Nach a Weil hat sie wieder das Maul aufg'macht, na hab ich so lang mit da heiligen Schrift auf'n Kopf naufgehaut, bis im Herrn selig entschlafen ist!«*

*Eine Frau ist vergewaltigt worden und soll den Hergang schildern: »Der Mann nahm mich in seinem Kastenwagen mit. Kurz vor einer größeren Ortschaft bog er ab und fuhr in ein Waldstück. Hier klappte er die Rückenlehne nach hinten und steckte mein rechtes Bein durch die Halteschlaufe« . . .*
*Im Zuhörerraum gluckst es.*
*»Ruhe«, sagt der Richter, »sonst lasse ich den Saal räumen! Zeugin, fahren sie fort!«*
*»Na, und dann steckte er mein linkes Bein durch die andere Schlaufe . . .«*
*Wieder lacht ein Mann auf.*
*»Weshalb stören Sie denn dauernd die Verhandlung und lachen?« fragt der Richter.*
*»Wissen Sie, Herr Richter«, sagt der Zuhörer, »ich fahre seit vielen Jahren einen Kastenwagen, aber ich habe nie gewußt, wozu die Schlaufen da sind!«*

# Lieben Sie es scharf und würzig?

*Während der kirchlichen Trauung vergißt der geistig etwas minderbemittelte Bräutigam, den Ring hervorzuholen. Der Pfarrer deutet mit einer Geste an, wie man einen Ring an den Finger steckt.*
*Der Bräutigam errötet: »Aber Hochwürden, doch nicht hier vor all den Leuten!«*

*Zwei Touristinnen bewundern in London einen Gardesoldaten, der unbeweglich vor dem Buckingham-Palast auf Wache steht. Die erste meint nach einem abschätzenden Blick: »Der ist bestimmt zwei Meter groß!«*
*Da zischt der Soldat zwischen den Zähnen: »Zwei Meter vierzehn!«*
*Darauf behauptet die zweite Touristin: »Schau auf seine Schuhe, der hat sicher Schuhgröße 46!«*
*Der Soldat berichtigt: »52!«*
*Dann betrachten beide Damen sachverständig seine engen, auf Maß geschneiderten Hosen. Deutlich hörbar flüstert die eine der anderen ins Ohr: »Ganz bestimmt zwölf Zentimeter!«*
*Mit Triumph in der Stimme zischt der Soldat den Damen zu: »Durchmesser!«*

Ein älteres Fräulein rief ihren Anwalt, um mit ihm das Testament aufzusetzen. »Ich möchte dem Kunstmuseum hunderttausend Mark, meinem Neffen fünfzigtausend Mark, der Caritas fünfzigtausend und dem Krankenhaus fünfzigtausend Mark vererben!«
»Und was ist mit den restlichen zehntausend Mark?«
»Wissen Sie, Herr Anwalt, nie im Leben hatte ich einen Liebhaber. Die zehntausend Mark bekommt derjenige, der mich einmal richtig küßt!«
Der Anwalt erklärt spontan: »Das mache ich selbst!«
Er verständigt seine Ehefrau, daß es später wird und erklärt ihr auch den Grund. Spät in der Nacht ruft die Anwaltsgattin beunruhigt ihren Mann bei dem Fräulein an. »Bitte Geduld«, sagt er, »gerade streicht sie das Krankenhaus von der Liste!«

»Krampfadern an dieser Stelle?« fragt der Patient ungläubig seinen Hausarzt.
»Warum nicht – vom vielen Stehen!«

Zwei Roboter geraten außer Kontrolle und reißen aus. Der eine hierhin, der andere dorthin.
Stunden später trifft der eine den anderen vor einem Briefkasten und einem Feuermelder wieder. »Ist hier was los?« fragt der eine.
»Nichts, aber auch gar nichts«, meint der andere.
»Die Blonde reagiert überhaupt nicht, und die Rote schreit gleich los, wenn man sie ein bißchen fester anpackt.«

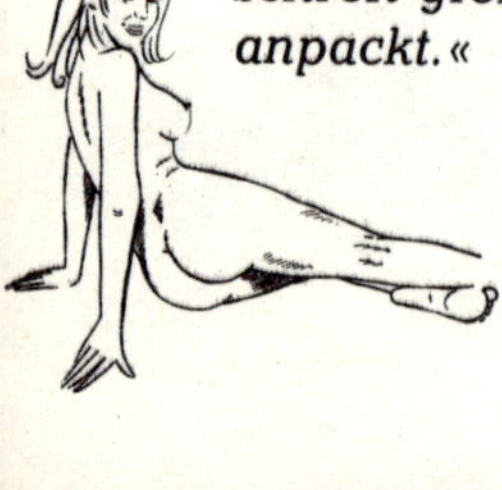

*»Seit ich verheiratet bin, macht mir Sex überhaupt keinen Spaß mehr«, klagt Inge. »Jedesmal, wenn wir gerade anfangen wollen, kommt mein Mann ins Zimmer und stört!«*

*»Was machen Sie«, fragt der Polizeipräsident einen Kripobeamten, »wenn Ihnen nachts im Park ein junges Mädchen sagt, es sei vergewaltigt worden?«*
*»Ich beginne sofort, die Tat zu rekonstruieren, Herr Präsident.«*

*Klagt ein Freund dem anderen: »Meine Ehe wird von Tag zu Tag langweiliger . . .« Rät ihm der: »Ihr müßt es halt mal machen wie die Tauben.«*
*Zwei Wochen später treffen sie sich wieder. Der Ratsuchende trägt einen Trauerflor.*
*»Was ist passiert?« fragt ihn der Ratgeber.*
*»Sie ist gestorben.«*
*»Woran denn?«*
*»Sie fiel von der Dachrinne.«*

*Die älteste unverheiratete Tochter ist schwanger. Sagt die besorgte Mutter: »Wie heißt denn unser zukünftiger Schwiegersohn?«*
*Katastrophe – die Tochter weiß es nicht.*
*Die zweite Tochter scheint schlauer, als sie ebenfalls in anderen Umständen der besorgten Mutter antwortet: »Reiner Mako . . . stand in seiner Unterhose!«*

*»Tun Sie endlich was gegen diese verflixte Stromstörung jeden Abend«, ruft Frau Silberzahn das Elektrizitätswerk an. »Seit acht Tagen muß ich mir mit einer Kerze behelfen. Schicken Sie gefälligst einen Ihrer Beamten bei mir vorbei.«*

*»Liebe Anne-Katrin, ich habe im Traum mit dir geschlafen. Scheck anbei. Dein Thomas.«*

*»Ich habe einen Kurs für altgriechische Geschichte belegt, jetzt weiß ich, wer Plato und Aristoteles waren.«*
*»Weißt du auch, wer Demetrios ist?«*
*»Keine Ahnung.«*
*»Das ist der Gastarbeiter, der zu deiner Frau kommt, wenn du die alten Griechen studierst.«*

*Zwei alte Jungfern gehen zu Bett und vernehmen ein Geräusch. »Sag mal, Hanne«, sagt die eine, »hast du das eben gehört? Ich glaube, da ist ein Mann unter unseren Betten.«*
*»Ja«, sagt die Schwester, »du hast recht.«*
*»Moment«, sagt die eine, »ich möchte aber gleich klarstellen, daß ich das Geräusch zuerst gehört habe.«*

*Flüstert er ihr erregt ins Ohr: »Du bist meine erste große Liebe.«*
*Stöhnt sie: »Welch ein Pech. Schon wieder ein Anfänger!«*

*Der Millionär stellt einen neuen Sekretär ein. Er schärft ihm ein, daß er ihm das riesige Gehalt nur zahlen werde, wenn jede Frage richtig beantwortet würde und Informationen unverzüglich zur Stelle seien.*
*Eines Tages sagt der Millionär: »Ich muß heute noch nach New York fliegen.«*
*»Um zwanzig Uhr neunundvierzig geht das Flugzeug«, erfolgt die präzise Auskunft.*
*»Am nächsten Tag möchte ich dann ein Theater am Broadway besuchen.«*
*»Bitte sehr, ›Seidenstrümpfe‹ beginnt um einundzwanzig Uhr, zwei Karten sind noch zu haben.«*
*»Da kann ja meine Frau direkt noch mitfliegen«, meint gutgelaunt der Millionär.*
*»Wie der Herr wünschen«, verbeugt sich der Sekretär. »Der Wagen mit der gnädigen Frau fährt gerade vor.«*
*Doch der Wagen ist leer.*
*»Wie«, sagt erschreckt der Millionär, »sollte meine Frau unwohl sein?«*
*»Ausgeschlossen«, antwortet der Sekretär, »erst in genau zwei Wochen.«*

*Das jungverheiratete Paar kommt ins Hotel. »Bitte, das schönste Doppelzimmer für die nächsten drei Nächte«, sagt der Mann.*
*Zwinkert der Portier der jungen Frau zu: »Da haben Sie aber Glück, kleines Fräulein. Sonst nimmt er das Zimmer nur für ein paar Stunden.«*

*Ein Bauer hält auf seinem Hof erstklassige Zuchttiere, und jedermann in der Nähe des Hofes weiß, daß er für die Benutzung des Hengstes 120 Mark, für den Stier 80 Mark und für den Eber 40 Mark verlangt.*
*Eines Tages erscheint auf dem Hof ein Nachbar und beklagt sich darüber, daß der älteste Sohn des Bauern seine Tochter geschwängert hat.*
*Der Bauer selbst ist nicht zu Hause; statt dessen antwortet ihm der jüngere Sohn: »Mei, da müssens warten, bis der Vater heimkommt. I woaß net, was er für meinen Bruder berechnet!«*

*Der Opa besucht zum erstenmal in seinem Leben einen Beatschuppen.*
*Nachdem er sich das Treiben eine Weile angesehen hat, meint er: »Also, zu meiner Zeit hat man das zu zweit und im Liegen gemacht!«*

*»Kann ich mit hochkommen?« fragte ein älterer Herr das junge Mädchen vor dem Hoteleingang.*
*Antwortete die Süße: »Aber ja. Wenn Sie hochkommen, können Sie hochkommen!«*

*»Anna, Sie wollen kündigen? Ich begreife Sie nicht . . .«*
*»Sie nicht, gnä' Frau, aber Ihr Mann andauernd.«*

*Die hübsche Lehrerin betritt mit einer Rose im Knopfloch ihrer Bluse die Klasse. »Nun, sagt mir mal, Kinder, wovon ernährt sich die Rose?«*
*Klaus schaut auf die Rose am Busen, denkt nach und meldet sich: »Von Milch, Fräulein!«*
*Die Lehrerin schaut ganz verdattert auf Klaus, dann auf die Rose und dann auf ihren Busen. Da schreit sie ihn an: »Von Wasser natürlich, du Lümmel . . .«*
*Und Klaus zuckt entschuldigend die Schultern und meint treuherzig: »Ich konnte ja nicht wissen, daß diese Rose so einen langen Stengel hat!«*

*In einer Pension übernachten zwei Herren im Doppelzimmer. Als sie gerade das Licht ausgemacht haben, hören Sie aus dem Nachbarzimmer eine weibliche Stimme: »Ich brauche Liebe, Liebe, Liebe!«*
*Darauf verschwindet einer der Herren und kommt erst nach zwei Stunden wieder.*
*»Wie war's?« fragt ihn der andere.*
*»Puh«, keucht der Angesprochene, »die ist unersättlich! Nach jeder Runde nimmt sie ein Stück Kreide und malt einen Strich an die Wand.«*
*»Gut, gut«, spricht der andere, »ich geh halt mal rüber.«*
*Am Morgen wird der Zurückgebliebene durch den Schrei der Frau von nebenan geweckt: »Ich brauche Kreide, Kreide, Kreide.«*

*Der Vater ist verzweifelt. Sein zehnjähriger Sohn ist von einer krankhaften Wettleidenschaft besessen. Obendrein gewinnt er immer.*
*Der Klassenlehrer, um Rat befragt, erklärt: »Lassen Sie mich mal machen. Der Junge muß nur eine Wette verlieren, dann ist er geheilt!«*
*Ein paar Tage später ruft der Vater den Lehrer an, der ihn beruhigt: »Heute morgen habe ich eine Wette gegen ihn gewonnen. Er hat nämlich um zehn Mark mit mir gewettet, ich hätte bestimmt Hämorrhoiden. Um elf Uhr nach dem Unterricht habe ich ihm dann das Gegenteil bewiesen!«*
*»Um Gottes willen, mit mir hat er heute früh um fünfzig Mark gewettet, daß er noch vor dem Mittagsläuten Ihren nackten Hintern sieht!«*

*Zwei kommen aus dem Freudenhaus, schimpft der eine: »Meine Frau bietet mir im Bett hundertmal mehr!«*
*Nickt der andere: »Das kann man wohl sagen!«*

*Zwei ältere Männer unterhalten sich über ihre Abenteuer mit Mädchen. Sagt der eine: »Schläfst du immer noch mit Frauen.«*
*»Oh ja, regelmäßig. Einmal im Monat, ausgenommen im Juli und im August.«*
*»Wieso ist es dir dann zu heiß?«*
*»Nein, dann hat der Mann, der mir rauf und wieder runter hilft, Urlaub!«*

*Hinz und Kunz verabreden, am Abend auszugehen. Kunz aber kommt nicht.*
*Am nächsten Morgen fragt Hinz nach dem Grund seines Ausbleibens.*
*Kunz gibt kleinlaut zu, daß seine Frau ihm verbot, noch einmal wegzugehen.*
*»Ja, Kunz, dann schlag doch mal mit der Faust auf den Tisch und verhau sie einfach!«*
*Kunz nickt zustimmend. Man verabredet sich für den Abend. Aber Kunz erscheint wieder nicht. Stocksauer stellt ihn sein Freund morgens zur Rede: »Hast du meinen Rat nicht befolgt?«*
*»Doch, doch. Erst habe ich mit der Faust auf den Tisch geschlagen, dann habe ich sie über's Knie gelegt, ihr den Rock hochgezogen, na, ja – und zu Hause ist es doch auch ganz schön . . .«*

*Nach den Flitterwochen trifft die junge Frau ihre Freundin. »Na, wie war's?« fragt diese.*
*»Grandios!« schwärmt die junge Ehefrau. »Ich wußte gar nicht, daß man sich ohne zu lachen so amüsieren kann!«*

*Egon heiratet eine berühmte Stripperin.*
*»Und – wie ist sie im Bett«, wird er gefragt.*
*»Fabelhaft«, schwärmt Egon, »nur tun mir hinterher immer die Hände weh: Wenn ich nicht wie rasend klatsche, kommt sie nicht auf Touren.«*

*Im Kino. »Hilfe«, schreit eine junge Frau, »da faßt mich einer an!« Die Platzanweiserin leuchtet in die Reihe – nichts zu sehen.*
*Kurz darauf wieder der Hilfeschrei einer Frau: »Ein Wüstling hat mich unsittlich berührt!«*
*Der Geschäftsführer läßt daraufhin alle Lichter anmachen, und man findet einen glatzköpfigen Mann, der sich wie blind auf allen Vieren durch die Reihen tastet.*
*Zur Rede gestellt, gesteht er später: »Mir war die Brille von der Nase gefallen, und als ich mich bückte, um sie aufzuheben, rutschte mir das Toupet vom Kopf. Die Brille war spurlos verschwunden, aber das Toupet hatte ich schon zweimal fast wieder erwischt.«*

*Eine Mutter mit sieben Kindern besteigt eine Straßenbahn und belegt die letzten acht freien Plätze. Ein alter Münchner, der zusteigt und keinen Platz findet, stützt sich während der Fahrt auf seinen Stock, rutscht aber in einer Kurve damit aus und kann sich mit der Hand gerade noch festhalten.*
*Ein Bub der kinderreichen Mutter sagt daraufhin zu ihm: »Wenn's an Gummi vor der Spitz gehabt hätt'n, war eahna des net passiert!«*
*Der Münchner entgegnet bissig: »Des hätt'st deim Vater sag'n solln, dann hätt i jetzt an Sitzplatz!«*

FALKEN VERLAG

## Stand Herbst 1981

# Programm

## (Eine Auswahl)

## Hobby

Falken-Handbuch **Heimwerken** Reparieren und selbermachen in Haus und Wohnung – über 1100 Farbfotos. Sonderteil: Praktisches Energiesparen. (4117) Von Thomas Pochert, ca. 1100 Farbfotos, gebunden, ca.* DM 49,–; Fr 49,–; S 392,–. Voraussichtl. Erscheinungstermin: September 1981.

**Möbel aufarbeiten, reparieren, pflegen** (0386) Von Ellinor Schnaus-Lorey, 96 S., 104 Fotos und Zeichnungen, kartoniert, DM 6,80; Fr 6,80; S 55,–.

**Zugeschaut und mitgebaut Band 1** Helmut Scheuer im Hobby-Keller. (5031) Von Helmut Scheuer,96 S., 218 Farb- und s/w-Fotos, kartoniert, DM 14,80; Fr 14,80; S 118,–.

**Zugeschaut und mitgebaut Band 2** (5061) 120 S., 277 Farb- und s/w-Fotos, kartoniert, DM 14,80; Fr 14,80; S 118,–.

**Zugeschaut und mitgebaut Band 3** (5077) 120 S., 291 Farb- und s/w-Fotos, kartoniert, DM 14,80; Fr 14,80; S 118,–.

**Zugeschaut und mitgebaut Band 4** (5093) 120 S., 122 Farbfotos, 113 s/w-Abbildungen, kartoniert, DM 14,80; Fr 14,80; S 118,–.

**Mineralien und Steine** erkennen und benennen. Farben · Formen · Fundorte. (0409) Von Rudolf Graubner, 136 S., 100 Farbfotos, kartoniert, DM 14,80; Fr 14,80; S 118,–.

**Aquarellmalerei** leicht gemacht. (5099) Von Thomas Hinz, 64 S., 79 Farbfotos, Pappband, DM 9,80; Fr 9,80; S 78,–.

**Naive Malerei** leicht gemacht. (5083) Von Felizitas Krettek, 64 S., 76 Farbfotos, Pappband, DM 9,80; Fr 9,80; S 78,–.

**Ölmalerei** leicht gemacht. (5073) Von Heiner Karsten, 64 S., 62 Farbfotos, Pappband, DM 9,80; Fr 9,80; S 78,–.

**Zeichnen Sie mal – malen Sie mal** (5095) Von Ferry Ahrlé und Volker Kühn, 112 S., 16 Farbtafeln, viele Zeichnungen, kartoniert, DM 14,80; Fr 14,80; S 118,–.

**Bauernmalerei** als Kunst und Hobby. (4057) Von Arbo Gast und Hannie Stegmüller, 128 S., 239 Farbfotos, 26 Riß-Zeichnungen, gebunden, DM 29,80; Fr 29,80; S 238,–.

**Hobby-Bauernmalerei** (0436) Von Senta Ramos und Jo Roszak, 80 S., 116 Farbfotos und 28 Motivvorlagen, kartoniert, DM 19,80; Fr 19,80; S 158,–.

**Bauernmalerei** leicht gemacht. (5039) Von Senta Ramos, 64 S., 78 Farbfotos, Pappband, DM 9,80; Fr 9,80; S 78,–.

**Glasmalerei** als Kunst und Hobby. (4088) Von Felizitas Krettek und Suzanne Beeh-Lustenberger, 132 S., mit ca. 240 überwiegend farbigen Abbildungen, gebunden, DM 34,–; Fr 34,–; S 272,–. Voraussichtl. Erscheinungstermin: August 1981.

**Glasritzen** – ein neues Hobby. (5109) Von Gerlind Mégroz, 64 S., 110 Farbfotos, 15 Zeichnungen, Pappband, DM 14,80; Fr 14,80; S 118,–.

FALKEN VERLAG

Postfach 1120 · 6272 Niedernhausen/Ts. · Tel. (06127) 3011-15 · Telex 04186585

**Transparente Glasmalerei** leicht gemacht. (5064) Von Felizitas Krettek, 64 S., 62 Farbfotos, Pappband, DM 9,80; Fr 9,80; S 78,–.

**Brandmalerei** leicht gemacht. (5106) Von Klaus Reinhardt, 64 S., 68 Farbfotos, 23 Zeichnungen, Pappband, DM 9,80; Fr 9,80; S 78,–.

**Arbeiten mit Ton** (5048) Von Johann Fricke, 128 S., 15 Farbtafeln, 166 s/w-Fotos, kartoniert, DM 14,80; Fr 14,80; S 118,–.

**Keramik kreativ gestalten** (5072) Von Ewald Stark, 64 S., 117 Farbfotos, 2 Zeichnungen, Pappband, DM 9,80; Fr 9,80; S 78,–.

**Modellieren** mit selbsthärtendem Material. (5085) Von Klaus Reinhardt, 64 S., 93 Farbfotos, Pappband, DM 9,80; Fr 9,80; S 78,–.

**Kerzen und Wachsbilder** gießen · modellieren · bemalen. (5108) Von Christa Riess, 64 S., 110 Farbfotos, Pappband, DM 9,80; Fr 9,80; S 78,–.

**Zinngießen** leicht gemacht. (5076) Von Käthi Knauth, 64 S., 85 Farbfotos, Pappband, DM 9,80; Fr 9,80; S 78,–.

**Holzspielzeug** selbst gebaut und bemalt. (5104) Von Mathias Kern, 64 S., 103 Farbfotos, 9 Zeichnungen, Pappband, DM 12,80; Fr 12,80; S 98,–.

**Marionetten** entwerfen · gestalten · führen. (5118) Von Axel Krause und Alfred Bayer, 64 S., ca. 70 Farbfotos, Pappband, ca.* DM 12,80; Fr 12,80; S 98,–. Voraussichtl. Erscheinungstermin: August 1981.

**Papier-Basteleien** (0406) Von Lena Nessle, 96 S., 84 Fotos, 70 Zeichnungen, teils zweifarbig, kartoniert, DM 6,80; Fr 6,80; S 55,–.

**Makramee** Knüpfarbeiten leicht gemacht. (5075) Von Birte Pröttel, 64 S., 95 Farbfotos, Pappband, DM 9,80; Fr 9,80; S 78,–.

**Häkeln und Makramee** Techniken – Geräte – Arbeitsmuster. (0320) Von Dr. Marianne Stradal, 104 S., 191 Abbildungen und Schemata, kartoniert, DM 6,80; Fr 6,80; S 55,–.

**Stoff- und Kuscheltiere** stricken, häkeln, nähen. (5090) Von Birte Pröttel, 64 S., 50 Farbfotos, Pappband, DM 9,80; Fr 9,80; S 78,–.

**Textiles Gestalten** Spinnen · Weben · Stoffdruck · Batik · Makramee · Sticken. (5123) Von Johann Fricke, ca. 128 S., ca. 180 Farb-und s/w-Fotos, kartoniert, ca.* DM 16,80; Fr 16,80; S 134,–. Voraussichtl. Erscheinungstermin: Oktober 1981.

**Hobby Stoffdruck und Stoffmalerei** (0555) Von Anneliese Ursin, 80 S., 68 Farbfotos, 68 Zeichnungen, kartoniert, DM 19,80; Fr 19,80; S 158,–.

**Batik** leicht gemacht. (5112) Von Arbo Gast, 64 S., 105 Farbfotos, Pappband, DM 12,80; Fr 12,80; S 98,–.

**Phantasieblumen** aus Strumpfgewebe, Tauchlack, Papier, Federn. (5091) Von Ruth Scholz-Peters, 64 S., 70 Farbfotos, Pappband, DM 9,80; Fr 9,80; S 78,–.

**Trockenblumen und Gewürzsträuße** (5084) Von Gabriele Vocke, 64 S., 63 Farbfotos, Pappband, DM 9,80; Fr 9,80; S 78,–.

**Briefmarken** sammeln für Anfänger. (0481) Von Dieter Stein, 120 S., 4 Farbtafeln, 98 s/w-Abbildungen, kartoniert, DM 7,80; Fr 7,80; S 65,–.

**Münzen** Ein Brevier für Sammler. (0353) Von Erhard Dehnke, 128 S., 4 Farbtafeln, 17 s/w-Abbildungen, kartoniert, DM 9,80; Fr 9,80; S 78,–.

**Münzen sammeln nach Motiven** (0480) Von Armin Haug, 176 S., 93 s/w-Fotos, kartoniert, DM 14,80; Fr 14,80; S 118,–.

**Papiergeld** Ein Brevier für Sammler. (0501) Von Albert Pick, 116 S., 51 s/w-Fotos, kartoniert, DM 9,80; Fr 9,80; S 78,–

**Freizeit mit dem Mikroskop** (0291) Von Martin Deckart, 132 S., 69 s/w-Fotos, 4 Zeichnungen, kartoniert, DM 9,80; Fr 9,80; S 78,–.

**Das Herbarium** Pflanzen sammeln, bestimmen und pressen. Gestalten mit Blüten, Blättern und Gräsern. (5113) Von Ingrid Gabriel, 96 S., 140 Farbtafeln, 6 farbige Zeichnungen, Pappband, DM 16,80; Fr 16,80; S 134,–.

**Modellflug-Lexikon** (0549) Von Werner Thies, 280 S., 98 s/w-Fotos, 234 Zeichnungen, Pappband, DM 31,50; Fr 31,50; S 252,–.

**Flugmodelle** bauen und einfliegen. (0361) Von Werner Thies und Willi Rolf, 160 S., 63 Abbildungen und 7 Faltpläne, kartoniert, DM 12,80; Fr 12,80; S 98,–.

**Ferngelenkte Motorflugmodelle** bauen und fliegen. (0400) Von Werner Thies, 184 S., mit Zeichnungen und Detailplänen, kartoniert, DM 12,80; Fr 12,80; S 98,–.

**Das große Modell-Motorenbuch** (0560) Von Roland Schwarz, 236 S., 142 s/w-Fotos, 120 Zeichnungen, kartoniert, DM 29,50; Fr 29,50; S 236,–.

**Ferngelenkte Segelflugmodelle** bauen und fliegen. (0446) Von Werner Thies, 176 S., 22 s/w-Fotos, 115 Zeichnungen, kartoniert, DM 14,80; Fr 14,80; S 118,–.

**Schiffsmodelle** selber bauen. (0500) Von Dietmar und Reinhard Lochner, 200 S., 93 Zeichnungen, 2 Faltpläne, kartoniert, DM 14,80; Fr 14,80; S 118,–.

**Moderne Fotopraxis** Bildgestaltung · Aufnahmepraxis · Kameratechnik · Fotolexikon. (4030) Von Wolfgang Freihen, 304 S., davon 50 vierfarbig, gebunden, DM 29,80; Fr 29,80; S 238,–.

**Gitarre spielen** Ein Grundkurs für den Selbstunterricht. (0534) Von Atti Roßmann, 96 S., 1 Schallfolie, 150 Zeichnungen, durchgehend zweifarbig, kartoniert, DM 19,80; Fr 19,80; S 158,–.

# Sport

**Radsport** Radtouristik und Rennen, Technik, Typen. (0550) Von Karl Ziegler und Rolf Lehmann, ca. 160 S., ca. 50 Abbildungen, kartoniert, ca.* DM 8,80; Fr 8,80; S 70,–. Voraussichtl. Erscheinungstermin: September 1981.

**Isometrisches Training** Übungen für Muskelkraft und Entspannung. (0529) Von Lothar M. Kirsch, 140 S., 164 s/w-Fotos, kartoniert, DM 9,80; Fr 9,80; S 78,–.

**Spaß am Laufen** Jogging für die Gesundheit. (0470) Von Werner Sonntag, 128 S., 36 Abbildungen, kartoniert, DM 6,80; Fr 6,80; S 55,–.

**Die neue Tennis-Praxis** Der individuelle Weg zu erfolgreichem Spiel. (4097) Von Richard Schönborn, ca. 240 S., ca. 250 Farbzeichnungen, gebunden, ca.* DM 29,80; Fr 29,80; S 238,–. Voraussichtl. Erscheinungstermin: Oktober 1981.

**Erfolgreiche Tennis-Taktik** (4086) Von Robert Ford Greene, übersetzt von Michael Rolf Fischer, 181 S., 87 Abbildungen, kartoniert, DM 19,80; Fr 19,80; S 158,–.

**Tennis kompakt** Der erfolgreiche Weg zu Spiel, Satz und Sieg. (5116) Von Wilfried Taferner, 128 S., 82 s/w-Fotos, 67 Zeichnungen, kartoniert, DM 12,80; Fr 12,80; S 98,–.

**Tennis** Technik – Taktik – Regeln. (0375) Von Harald Elschenbroich, 112 S., 81 Abbildungen, kartoniert, DM 6,80; Fr 6,80; S 55,–.

**Squash** Ausrüstung – Technik – Regeln. (0539) Von Dietrich von Horn und Hein-Dirk Stünitz, 96 S., 55 s/w-Fotos, 25 Zeichnungen, kartoniert, DM 8,80; Fr 8,80; S 70,–.

**Tischtennis** modern gespielt mit TT-Quiz 17:21. (0363) Von Ossi Brucker und Tibo Harangozo, 120 S., 65 Abbildungen, kartoniert, DM 9,80; Fr 9,80; S 78,–.

**Fußball** Training und Wettkampf. (0448) Von Holger Obermann und Peter Walz, 166 S., 93 s/w-Fotos, 56 Zeichnungen, kartoniert, DM 9,80; Fr 9,80; S 78,–.

**Roller-Skating** Roller-Jogging · Disco-Rolling. (0518) Von Christa-Maria und Richard Kerler, 80 S., 64 s/w-Fotos, 15 Zeichnungen, kartoniert, DM 7,80; Fr 7,80; S 65,–.

**Sportschießen** für jedermann. (0502) Von Anton Kovacic, 124 S., 116 s/w-Fotos, kartoniert, DM 14,80; Fr 14,80; S 118,–.

**Segeln** (4207) Von Claus Hehner, 96 S., 106 großformatige Farbfotos, Pappband, DM 19,80; Fr 19,80; S 158,–.

Falken-Handbuch **Tauchsport** Theorie · Geräte · Technik · Training. (4062) Von

Wolfgang Freihen, 264 S., 252 Farbfotos, gebunden, DM 36,–; Fr 36,–; S 288,–.

**Windsurfing** Lehrbuch für Grundschein und Praxis. (5028) Von Calle Schmidt, 64 S., 60 Farbfotos, Pappband, DM 9,80; Fr 9,80; S 78,–.

**Mein bester Freund, der Fußball** (5107) Von Detlev Brüggemann und Dirk Albrecht, 144 S., 171 Abbildungen, kartoniert, DM 16,80; Fr 16,80; S 134,–.

**Handball** Technik – Taktik – Regeln. (0426) Von Fritz und Peter Hattig, 128 S., 91 s/w-Fotos, 121 Zeichnungen, kartoniert, DM 9,80; Fr 9,80; S 78,–.

**Volleyball** Technik – Taktik – Regeln. (0351) Von Henner Huhle, 102 S., 330 Abbildungen, kartoniert, DM 9,80; Fr 9,80; S 78,–.

Falken-Handbuch **Angeln** in Binnengewässern und im Meer. (4090) Von Helmut Oppel, 344 S., 24 Farbtafeln, 66 s/w-Fotos, 151 Zeichnungen, gebunden, DM 39,–; Fr 39,–; S 312,–.

**Angeln** Kleine Fibel für den Sportfischer. (0198) Von E. Bondick, 116 Abbildungen, kartoniert, DM 6,80; Fr 6,80; S 55,–.

**Sportfischen** Fische – Geräte – Technik. (0324) Von Helmut Oppel, 144 S., 49 s/w-Fotos, 8 Farbtafeln, kartoniert, DM 9,80; Fr 9,80; S 78,–.

**Skischule** Ausrüstung · Technik · Gymnastik. (0369) Von Richard Kerler, 128 S., 100 Abbildungen, kartoniert, DM 7,80; Fr 7,80; S 65,–.

**Fechten** Florett – Degen – Säbel. (0449) Von Emil Beck, 88 S., 219 Fotos und Zeichnungen, kartoniert, DM 9,80; Fr 9,80; S 78,–.

**Hockey** Technische und taktische Grundlagen. (0398) Von Horst Wein, 152 S., mit vielen Zeichnungen und Fotos, kartoniert, DM 12,80; Fr 12,80; S 98,–.

**Beliebte und neue Kegelspiele** (0271) Von Georg Bocsai, 92 S., 62 Abbildungen, kartoniert, DM 4,80; Fr 4,80; S 39,–.

**Reiten** Dressur · Springen · Gelände. (0415) Von Ute Richter, 168 S., 235 Abbildungen, kartoniert, DM 9,80; Fr 9,80; S 78,–.

**Reiten** Vom ersten Schritt zum Reiterglück. (5033) Von Herta F. Kraupa-Tuskany, 64 S., Pappband, DM 9,80; Fr 9,80; S 78,–.

**Voltigieren** Pflicht – Kür – Wettkampf. (0455) Von Josephine Bach, 120 S., 4 Farbtafeln, 88 s/w-Fotos, kartoniert, DM 12,80; Fr 12,80; S 98,–.

## Budo

**Judo** Grundlagen des Stand-und Bodenkampfes. (4013) Von Wolfgang Hofmann, 244 S., 589 Fotos, gebunden, DM 29,80; Fr 29,80; S 238,–.

**Neue Lehrmethoden der Judo-Praxis** (0424) Von Pierre Herrmann, 223 S., 475 Abbildungen, kartoniert, DM 16,80; Fr 16,80; S 134,–.

**Judo** Grundlagen – Methodik. (0305) Von Mahito Ohgo, 208 S., 1025 Fotos, kartoniert, DM 14,80; Fr 14,80; S 118,–.

**Wir machen Judo** (5069) Von Riccardo Bonfranchi und Ulrich Klocke, 92 S., mit Bewegungsabläufen in cartoonartigen zweifarbigen Zeichnungen, kartoniert, DM 12,80; Fr 12,80; S 98,–.

**Das Karate-Buch-Ereignis seit Jahren! Alles Wissen über KARATE – diese hohe Kunst der Selbstverteidigung – erscheint in einer 8bändigen Buchserie.**

**Nakayamas Karate perfekt 1** Einführung. (0487) Von Masatoshi Nakayama.

**Nakayamas Karate perfekt 2** Grundtechniken. (0512) Von Masatoshi Nakayama.

**Nakayamas Karate perfekt 3** Kumite 1: Kampfübungen. (0538) Von Masatoshi Nakayama.

**Nakayamas Karate perfekt 4** Kumite 2: Kampfübungen. (0547) Von Masatoshi Nakayama.

**Nakayamas Karate perfekt 5** Kata 1: Heian, Tekki. (0571) Von Masatoshi Nakayama.

je Band DM 19,80; Fr 19,80; S 158,–.

**Karate für Frauen und Mädchen** Sport und Selbstverteidigung. (0425) Von Albrecht Pflüger, 168 S., 259 s/w-Fotos, kartoniert, DM 9,80; Fr 9,80; S 78,–.

**Karate I** Einführung · Grundtechniken. (0227) Von Albrecht Pflüger, 148 S., 195 s/w-Fotos und Zeichnungen, kartoniert, DM 9,80; Fr 9,80; S 78,–.

**Karate II** Kombinationstechniken · Katas. (0239) Von Albrecht Pflüger, 176 S., 452 s/w-Fotos und Zeichnungen, kartoniert, DM 9,80; Fr 9,80; S 78,–.

**Karate-Do** Das Handbuch des modernen Karate. (4028) Von Albrecht Pflüger, 360 S., 1159 Abbildungen, gebunden, DM 29,80; Fr 29,80; S 238,–.

**Karate für alle** Karate-Selbstverteidigung in Bildern. (0314) Von Albrecht Pflüger, 112 S., 356 s/w-Fotos, kartoniert, DM 8,80; Fr 8,80; S 70,–.

Der König des Kung-Fu **Bruce Lee** Sein Leben und Kampf. (0392) Von seiner Frau Linda. Deutsch von W. Nottrodt, 136 S., 104 s/w-Fotos, mit großem Bruce-Lee-Poster, kartoniert, DM 19,80; Fr 19,80; S 158,–.

**Bruce Lees Jeet Kune Do** (0440) Von Bruce Lee, übersetzt von Hans-Jürgen Hesse, 192 S., mit 105 eigenhändigen Zeichnungen von Bruce Lee, kartoniert, DM 19,80; Fr 19,80; S 158,–.

**Bruce Lees Kampfstil 1** Grundtechniken. (0473) Von Bruce Lee und M. Uyehara, 109 S., 220 Abbildungen, kartoniert, DM 9,80; Fr 9,80; S 78,–.

**Bruce Lees Kampfstil 2** Selbstverteidigungs-Techniken. (0486) Von Bruce Lee und M. Uyehara.

**Bruce Lees Kampfstil 3** Trainingslehre. (0503) Von Bruce Lee und M. Uyehara.

**Bruce Lees Kampfstil 4** Kampftechniken. (0523) Von Bruce Lee und M. Uyehara.

je Band DM 9,80; Fr 9,80; S 78,–.

**Kung-Fu und Tai-Chi** Grundlagen und Bewegungsabläufe. (0367) Von Bruce Tegner, 182 S., 370 s/w-Fotos, kartoniert, DM 14,80; Fr 14,80; S 118,–.

**Kung-Fu II** Theorie und Praxis klassischer und moderner Stile. (0376) Von Manfred Pabst, 160 S., 330 Abbildungen, kartoniert, DM 12,80; Fr 12,80; S 98,–.

**Ju-Jutsu** Grundtechniken – Moderne Selbstverteidigung. (0276) Von Werner Heim und Franz J. Gresch, 160 S., 460 s/w-Fotos, kartoniert, DM 9,80; Fr 9,80; S 78,–.

**Ju-Jutsu 2** für Fortgeschrittene und Meister. (0378) Von Werner Heim und Franz J. Gresch, 164 S., 798 s/w-Fotos, kartoniert, DM 16,80; Fr 16,80; S 134,–.

**Ju-Jutsu 3** Spezial-, Gegen- und Weiterführungstechniken. (0485) Von Werner Heim und Franz J. Gresch, 214 S., über 600 s/w-Fotos, kartoniert, DM 19,80; F 19,80; S 158,–.

**Illustriertes Handbuch des Taekwon-Do** Koreanische Kampfkunst und Selbstverteidigung. (4053) Von Konstantin Gil, 248 S., 1.026 Abbildungen, gebunden, DM 28,–; Fr 28,–; S 220,–.

**Dynamische Tritte** Grundlagen für den Zweikampf. (0438) Von Chong Lee, übersetzt von Manfred Pabst, 96 S., 398 s/w-Fotos, 10 Zeichnungen, kartoniert, DM 9,80; Fr 9,80; S 78,–.

# Wissen und Technik

**Antiquitäten-(Ver)führer** Stilkunde – Wert – Echtheitsbestimmung. (5057) Von Margot Lutze, 128 S., 191 Farbfotos, Pappband, DM 19,80; Fr 19,80; S 158,–.

ZDF · ORF · DRS **KOMPASS Jugend-Lexikon** Natur und Technik. (4096) Von Richard Kerler, Jochen Blum, unter Mitarbeit von Ursula Kopp, 336 S., 766 Farbfotos, 39 s/w-Fotos und Zeichnungen, Pappband, DM 29,80; Fr 29,80; S 238,–.

**Die schnellsten Autos der Welt** (4201) Von Hans G. Isenberg und Dirk Maxeiner, 96 S., 110 meist vierfarbige Abbildungen, Pappband, DM 19,80; Fr 19,80; S 158,–.

**CB-Code** Wörterbuch und Technik. (0435) Von Richard Kerler, 120 S., mit technischen Abbildungen, kartoniert, DM 7,80; Fr 7,80; S 65,–.

**Zivilflugzeuge** Vom Kleinflugzeug zum Überschall-Jet. (4218) Von Richard J. Höhn und Hans G. Isenberg, 96 S., 115 großformatige Farbfotos, Pappband, DM 19,80; Fr 19,80; S 158,–.

**Die schnellsten Motorboote der Welt** (4210) Von Hans G. Isenberg, 96 S., 104 großformatige Farbfotos, Pappband, DM 19,80; Fr 19,80; S 158,–.

**Die tollsten Motorflugzeuge aller Zeiten** (4208) Richard J. Höhn und Hans G. Isenberg, 96 S., 86 großformatige Farbfotos, Pappband, DM 19,80; Fr 19,80; S 158,–.

**Dampflokomotiven** (4204) Von Werner Jopp, 96 S., 134 großformatige Farbfotos, Pappband, DM 19,80; Fr 19,80; S 158,–.

**Die rasantesten Rallyes der Welt** (4213) Von Hans G. Isenberg und Dirk Maxeiner, 96 S., 116 großformatige Farbfotos, Pappband, DM 19,80; Fr 19,80; S 158,–.

**Auto-Rallyes für jedermann** Planen – ausrichten – mitfahren. (0457) Von Rüdiger Hagelberg, 104 S., kartoniert, DM 9,80; Fr 9,80; S 78,–.

**Raketen auf Rädern** Autos und Motorräder an der Schallgrenze. (4220) Von Hans G. Isenberg, 96 S., 112 großformatige Farbfotos, 21 s/w-Fotos, Pappband, DM 19,80; Fr 19,80; S 158,–.

**Heiße Öfen** Motorräder · Motorsport. (5008) Von Horst Briel, 64 S., 63 Farbfotos, Pappband, DM 12,80; Fr 12,80; S 98,–.

**Die schnellsten Motorräder der Welt** (4206) Von Hans G. Isenberg und Dirk Maxeiner, 96 S., 100 großformatige Farbfotos, Pappband, DM 19,80; Fr 19,80; S 158,–.

**Der Sklave Calvisius** Alltag in einer römischen Provinz 150 n. Chr. (4058) Von Alice Ammermann, Tilmann Röhrig, Gerhard Schmidt, 120 S., 99 Farbfotos und farbige Zeichnungen, 47 s/w-Fotos und Zeichnungen, Pappband, DM 19,80; Fr 19,80; S 158,–.

**Energie aus Sonne, Wasser, Wind und Eis** Alles über Wärmedämmung, Wärmepumpen, Sonnendächer und andere Systeme. (0552) Von Volker Petzold, ca. 200 S., viele Abbildungen und Tabellen, kartoniert, ca.* DM 14,80; Fr 14,80; S 118,–. Voraussichtl. Erscheinungstermin: August 1981

# Pflanzen, Garten, Tiere

Falken-Handbuch **Der Garten** Das moderne illustrierte Standardwerk. (4044) Von Gerhard Bambach, unter Mitarbeit von Ulrich Kaiser, Wolfgang Velte und Joachim Zech, 854 S., 46 Farbtafeln, 972 s/w-Fotos, 85 Zeichnungen, gebunden, DM 46,–; Fr 46,–; S 368,–.

**Das Gartenjahr** Arbeitsplan für draußen und drinnen. (4075) Von Gerhard Bambach, 152 S., 16 Farbtafeln, viele Abbildungen, kartoniert, DM 12,80; Fr 12,80; S 98,–.

**Gärtnern** (5004) Von Inge Manz, 64 S., 38 Farbfotos, Pappband, DM 9,80; Fr 9,80; S 78,–.

**Ziersträucher und -bäume im Garten** (5071) Von Inge Manz, 64 S., 91 Farbfotos, Pappband, DM 12,80; Fr 12,80; S 98,–.

**Blumenpracht im Garten** (5014) Von Inge Manz, 64 S., 93 Farbfotos, Pappband, DM 9,80; Fr 9,80; S 78,–.

**Frühbeet und Kleingewächshaus** (5055) Von Gustav Schoser, 64 S., 43 Farbfotos, Pappband, DM 12,80; Fr 12,80; S 98,–.

**Gemüse und Kräuter** frisch und gesund aus eigenem Anbau. (5024) Von Mechthild Hahn, 64 S., 71 Farbfotos, Pappband, DM 12,80; Fr 12,80; S 98,–.

**Der Obstgarten** Pflanzung · Pflege · Baumschnitt · Neuheiten. (5100) Von Joachim Zech, 64 S., 54 Farbfotos, Pappband, DM 12,80; Fr 12,80; S 98,–.

**Balkons in Blütenpracht** zu allen Jahreszeiten. (5047) Von Nikolaus Uhl, 64 S., 82 Farbfotos, Pappband, DM 9,80; Fr 9,80; S 78,–.

**Steingärten** Anlage – Pflanzen – Pflege. (5092) Von Martin Haberer, 64 S., 90 Farbfotos, Pappband, DM 9,80; Fr 9,80; S 78,–.

**Hydrokultur** Pflanzen ohne Erde – mühelos gepflegt. (4080) Von Hans-August Rotter, 120 S., 67 farbige und s/w-Abbildungen sowie Zeichnungen, gebunden, DM 19,80; Fr 19,80; S 158,–.

Faszinierende Formen und Farben **Kakteen** (4211) Von Katharina und Franz Schild, 96 S., 127 großformatige Farbfotos, Pappband, DM 19,80; Fr 19,80; S 158,–.

**Kakteen** Herkunft, Anzucht, Pflege, Klimabedingungen. (5021) Von Werner Hoffmann, 64 S., 70 Farbfotos, Pappband, DM 9,80; Fr 9,80; S 78,–.

**Sukkulenten** Mittagsblumen, Lebende Steine, Wolfsmilchgewächse u. a. (5070) Von Werner Hoffmann, 64 S., 82 Farbfotos, Pappband, DM 11,80; Fr 11,80; S 94,–.

**Orchideen** (4215) Von Gustav Schoser, 96 S., 143 großformatige Farbfotos, Pappband, DM 19,80; Fr 19,80; S 158,–.

**Orchideen** Eigenart – Schnittblumen – Topfkultur – Pflege. (5038) Von Gustav Schoser, 64 S., 75 Farbfotos, Pappband, DM 9,80; Fr 9,80; S 78,–.

**Ikebana** Einführung in die japanische Kunst des Blumensteckens. (0548) Von Gabriele Vocke, ca. 120 S., ca. 40 Farbtafeln, kartoniert, ca.* DM 14,80; Fr 14,80; S 118,–. Voraussichl. Erscheinugstermin: August 1981.

Falken-Handbuch **Zimmerpflanzen** 1600 Pflanzenporträts. (4082) Von Rolf Blaich, 432 S., 480 Farbfotos, 84 Zeichnungen, 1600 Pflanzenbeschreibungen, gebunden, DM 39,–; Fr 39,–; S 312,–.

**Zimmerpflanzen** in Farbe. (5010) Von Inge Manz, 64 S., 98 Farbfotos, Pappband, DM 9,80; Fr 9,80; S 78,–.

**Zimmerbäume, Palmen und andere Blattpflanzen** (5111) Von Gustav Schoser, 96 S., 98 Farbfotos, 7 Zeichnungen, Pappband, DM 16,80; Fr 16,80; S 134,–.

**Dauergestecke** mit Zweigen, Trocken- und Schnittblumen. (5121) Von Gabriele Vocke, 64 S., ca. 50 Farbfotos, Pappband, ca.* DM 14,80; Fr 14,80; S 118,–. Voraussichtl. Erscheinungstermin: Oktober 1981.

**Faszination Berg** zwischen Alpen und Himalaya. (4214) Von Toni Hiebeler, 96 S., 100 großformatige Farbfotos, Pappband, DM 19,80; Fr 19,80; S 158,–.

**Die bunte Welt der Wiesenblumen** (4217) Von Friedrich Jantzen, 96 S., 121 großformatige Farbfotos, Pappband, DM 19,80; Fr 19,80; S 158,–.

**Arzneikräuter und Wildgemüse** erkennen und benennen. (0459) Von Jörg Raithelhuber, 144 S., 108 Farbfotos, kartoniert, DM 14,80; Fr 14,80; S 118,–.

**Bäume und Sträucher** erkennen und benennen. (0509) Von Jörg Raithelhuber, 116 S., 108 Farbfotos, kartoniert, DM 16,80; Fr 16,80; S 134,–.

**Beeren und Waldfrüchte** erkennen und benennen. Eßbar oder giftig? (0104) Von Jörg Raithelhuber, 120 S., 94 Farbfotos, kartoniert, DM 16,80; Fr 16,80; S 134,–.

**Das farbige Pilzbuch** (0215) Von K. und G. Kronberger, 132 S., 105 farbige Abbildungen, Pappband, DM 12,80; Fr 12,80; S 98,–.

**Pilze** erkennen und benennen. (0380) Von Jörg Raithelhuber, 136 S., 110 Farbfotos, kartoniert, DM 9,80; Fr 9,80; S 78,–.

Falken-Handbuch **Hunde** (4118) Von Horst Bielfeld, ca. 176 S., ca. 320 Farbfotos und Farbzeichnungen, gebunden, ca.* DM 39,–; Fr 39,–; S 312,–. Voraussichtl. Erscheinungstermin: September 1981.

**Hunde** Rassen · Erziehung · Haltung. (4209) Von Horst Bielfeld, 96 S., 101 großformatige Farbfotos, Pappband, DM 19,80; Fr 19,80; S 158,–.

**Der Deutsche Schäferhund** (0073) Von Alfred Hacker, 104 S., 24 Abbildungen, kartoniert, DM 6,80; Fr 6,80; S 55,–.

**Dackel, Teckel, Dachshund** Aufzucht · Pflege · Ausbildung. (0508) Von Marianne Wein-Gysae, 112 S., 4 Farbtafeln, 43 s/w-Fotos, 2 Zeichnungen, kartoniert, DM 9,80; Fr 9,80; S 78,–.

**Katzen** Rassen · Haltung · Pflege. (4216) Von Brigitte Eilert-Overbeck, 96 S., 82 großformatige Farbfotos, Pappband, DM 19,80; Fr 19,80; S 158,–.

**Das neue Katzenbuch** Rassen – Aufzucht – Pflege. (0427) Von Brigitte Eilert-Overbeck, 136 S., 14 Farbfotos, 26 s/w-Fotos, kartoniert, DM 7,80; Fr 7,80; S 65,–.

**Das Aquarium** Einrichtung, Pflege und Fische für Süß- und Meerwasser. (4029) Von Hans J. Mayland, 334 S., über 415 Farbfotos und Farbtafeln, 150 Zeichnungen, gebunden, DM 39,–; Fr 39,–; S 312,–.

**Süßwasser-Aquarienfische** (4212) Von Burkhard Kahl, 96 S., 108 großformatige Farbfotos, Pappband, DM 19,80; Fr 19,80; S 158,–.

**Süßwasser-Aquaristik** Exotische Welt im Glas. (5080) Von Lothar Scheller, 64 S., 67 Farbfotos und Zeichnungen, Pappband, DM 14,80; Fr 14,80; S 118,–.

**Das Süßwasser-Aquarium** Einrichtung – Pflege – Fische – Pflanzen. (0153) Von H. J. Mayland, 132 S., 163 Zeichnungen, 8 Farbtafeln, kartoniert, DM 7,80; Fr 7,80; S 65,–.

**Aquarienfische** des tropischen Süßwassers. (5003) Von Hans J. Mayland, 64 S., 98 Farbfotos, Pappband, DM 9,80; Fr 9,80; S 78,–.

**Das Meerwasser-Aquarium** Einrichtung – Pflege – Fische und niedere Tiere. (0281) Von Hans J. Mayland, 146 S., 30 farbige und 228 s/w-Abbildungen, kartoniert, DM 14,80; Fr 14,80; S 118,–.

Falken-Handbuch **Das Terrarium** (4069) Von Burkhard Kahl, Paul Gaupp, Dr. Günter Schmidt, 336 S., 215 Farbfotos, gebunden, DM 39,–; Fr 39,–; S 312,–.

**Vögel** Die wichtigsten Arten Mitteleuropas erkennen und benennen. (0554) Von Joachim Zech, 152 S., 135 Farbfotos, 4 s/w-Fotos, 5 Zeichnungen, kartoniert, DM 16,80; Fr 16,80; S 134,–.

**Schmetterlinge** Tagfalter Mitteleuropas erkennen und benennen. (0510) Von Thomas Ruckstuhl, 156 S., 136 Farbfotos, kartoniert, DM 16,80; Fr 16,80; S 134,–.

**Ponys** Rassen, Haltung, Reiten. (4205) Von Stefan Braun, 96 S., 84 großformatige Farbfotos, Pappband, DM 19,80; Fr 19,80; S 158,–.

# Essen und Trinken

**Kochen, was allen schmeckt** 1700 Koch- und Backrezepte für jede Gelegenheit. (4098) Von Anneliese und Gerhard Eckert, 796 S., 60 Farbtafeln, Pappband, DM 19,80; Fr 19,80; S 158,–.

**Kulinarische Genüsse für Verliebte** (4071) Von Claus Arius, 128 S., 16 Farbtafeln, gebunden, DM 24,80; Fr 24,80; S 198,–.

**Schnelle Küche** (4095) Von Anneliese und Gerhard Eckert, 136 S., 15 Farbtafeln, 61 Zeichnungen, kartoniert, DM 9,80; Fr 9,80; S 78,–.

**Die besten Eintöpfe und Aufläufe** (5079) Von Anneliese und Gerhard Eckert, 64 S., 49 Farbfotos, Pappband, DM 11,80; Fr 11,80; S 94,–.

**Köstliche Suppen** für jede Tages-und Jahreszeit. (5122) Von Elke Fuhrmann, 64 S., ca. 50 Farbfotos, Pappband, ca.* DM 9,80; Fr 9,80; S 78,–. Voraussichtl. Erscheinungstermin: August 1981.

**Nudelgerichte** – lecker, locker, leicht zu kochen. (0466) Von Christiane Stephan, 80 S., 8 Farbtafeln, kartoniert, DM 6,80; Fr 6,80; S 55,–.

**Desserts** (5020) Von Margrit Gutta, 64 S., 38 Farbfotos, Pappband, DM 12,80; Fr 12,80; S 98,–.

**Kräuter- und Heilpflanzen-Kochbuch** für eine gesunde Lebensweise. (4066) Von Pia Pervenche, 143 S.,15 Farbtafeln, kartoniert, DM 12,80; Fr 12,80; S 98,–.

**Natursammlers Kochbuch** Wildfrüchte und -gemüse, Pilze, Kräuter – finden und zubereiten. (4040) Von Christa-Maria Kerler, 140 S., 12 Farbtafeln, gebunden, DM 19,80; Fr 19,80; S 158,–.

**Alles über Einkochen, Einlegen, Einfrieren** Gesund und herzhaft. (4055) Von Birgit Müller, 152 S., 16 Farbtafeln, kartoniert, DM 12,80; Fr 12,80; S 98,–.

**Fondues · Raclettes · Flambiertes** (4081) Von Renate Peiler und Marie-Louise Schult, 136 S., 15 Farbtafeln, 28 Zeichnungen, kartoniert, DM 12,80; Fr 12,80; S 98,–.

**Falken-Kombi-Kochbuch** Die Kochidee mit neuem Dreh. **Fleischgerichte** (4099) Von Alfred Berliner, 48 S., 69 Farbfotos, Spiralbindung, Pappband, DM 19,80; Fr 19,80; S 158,–.

**Raffinierte Steaks** und andere Fleischgerichte. (5043) Von Gerhard Eckert, 64 S., 37 Farbfotos, Pappband, DM 9,80; Fr 9,80; S 78,–.

**Chinesisch kochen** Rezepte für die häusliche Küche. (5011) Von Karl-Heinz Haß, 64 S., 36 Farbfotos, Pappband, DM 9,80; Fr 9,80; S 78,–.

**Exotisches Obst und Gemüse** Rezepte für Vorspeisen, Hauptgerichte und Desserts. (5114) Von Christiane Stephan, 64 S., 58 Farbfotos, Pappband, DM 9,80; Fr 9,80; S 78,–.

**Französisch kochen** (5016) Von Margrit Gutta, 64 S., 35 Farbfotos, Pappband, DM 9,80; Fr 9,80; S 78,–.

**Italienische Küche** (5026) Von Margrit Gutta, 64 S., 35 Farbfotos, Pappband, DM 9,80; Fr 9,80; S 78,–.

**Köstliche Pizzas, Toasts, Pasteten** (5081) Von Anneliese und Gerhard Eckert, 64 S., 48 Farbfotos, Pappband, DM 9,80; Fr 9,80; S 78,–.

**Kuchen und Torten** (5067) Von Klaus Groth, 64 S., 42 Farbfotos, Pappband, DM 9,80; Fr 9,80; S 78,–.

**Waffeln** süß und pikant. (0522) Von Christiane Stephan, 64 S., 4 Farbtafeln, kartoniert, DM 6,80; Fr 6,80; S 55,–.

**Kleingebäck** Plätzchen · Kekse · Guetzli. (5089) Von Margrit Gutta, 64 S., 50 Farbfotos, Pappband, DM 9,80; Fr 9,80; S 78,–.

**Grillen** drinnen und draußen. (4047) Von Claus Arius, 152 S., 30 Farbtafeln, kartoniert, DM 12,80; Fr 12,80; S 98,–.

**Salate** für alle Gelegenheiten. (5002) Von Elke Fuhrmann, 64 S., 47 Farbfotos, Pappband, DM 9,80; Fr 9,80; S 78,–.

**Kleine kalte Küche** für Alltag und Feste. (5097) Von Anneliese und Gerhard Eckert, 64 S., 45 Farbfotos, Pappband, DM 9,80; Fr 9,80; S 78,–.

**Neue Cocktails und Drinks** mit und ohne Alkohol. (0517) Von Siegfried Späth, 128 S., 4 Farbtafeln, Pappband, DM 9,80; Fr 9,80; S 78,–.

**Rund um den Rum** Von der Feuerzangenbowle zum Karibiksteak. (5033) Von Holger Hofmann, 64 S., 32 Farbfotos, Pappband, DM 12,80; Fr 12,80; S 98,–.

**Die besten Punsche, Grogs und Bowlen** (0575) Von Friedel Dingden, ca. 64 S., Farbtafeln, kartoniert, ca.* DM 5,80; Fr 5,80; S 49,–. Voraussichtl. Erscheinungstermin: August 1981.

**Kaffee für Genießer** (0492) Von Christiane Barthel, 88 S., 8 Farbtafeln, kartoniert, DM 6,80; Fr 6,80; S 55,–.

**Heißgeliebter Tee** Sorten, Rezepte und Geschichten. (4114) Von Curt Maronde, ca. 160 S., ca. 70 Abbildungen, 16 Farbtafeln, gebunden, ca.* DM 19,80; Fr 19,80; S 158,–. Voraussichtl. Erscheinungstermin: August 1981.

**Tee** Herkunft · Mischungen · Rezepte. (0515) Von Sonja Ruske, 96 S., 4 Farbtafeln, viele Abbildungen, Pappband, DM 9,80; Fr 9,80; S 78,–.

**Selbst Brotbacken** Über 50 erprobte Rezepte. (0370) Von Jens Schiermann, 80 S., 6 Zeichnungen, 4 Farbtafeln, kartoniert, DM 6,80; Fr 6,80; S 55,–.

# Gesundheit und Schönheit

**Der praktische Hausarzt** (4100) Von Dr. med. R. Jäkel, 608 S., 201 s/w-Fotos, 118 Zeichnungen, Pappband, DM 24,80; Fr 24,80; S 198,–.

Falken-Handbuch **Heilkräuter** Modernes Lexikon der Pflanzen und Anwendungen. (4076) Von Gerhard Leibold, 392 S., 183 Farbfotos, gebunden, DM 36,–; Fr 36,–; S 288,–.

**10 Minuten täglich Tele-Gymnastik** (5102) Von Beate Manz und Kafi Biermann, 128 S., 381 Abbildungen, kartoniert, DM 12,80; Fr 12,80; S 98,–.

**Gesundheit und Spannkraft durch Yoga** (0321) Von Lothar Frank und Ursula Ebbers, 112 S., 50 s/w-Fotos, kartoniert, DM 7,80; Fr 7,80; S 65,–.

# Briefsteller

**Der neue Briefsteller** (0060) Von I. Wolter-Rosendorf, 112 S., kartoniert, DM 5,80; Fr 5,80; S 49,–.

**Privatbriefe** Muster für alle Gelegenheiten. (0114) Von Irmgard Wolter- Rosendorf, 132 S., kartoniert, DM 6,80; Fr 6,80; S 55,–.

**Die erfolgreiche Bewerbung** Bewerbung und Vorstellung. (0173) Von Wolfgang Manekeller, 156 S., kartoniert, DM 8,80; Fr 8,80; S 70,–.

**Lebenslauf und Bewerbung** Beispiele für Inhalt, Form und Aufbau. (0428) Von Hans Friedrich, 112 S., kartoniert, DM 5,80; Fr 5,80; S 49,–.

# Fortbildung und Beruf

So lernt man leicht und schnell **Maschinenschreiben** Lehrbuch für Selbstunterricht und Kurse. (0568) Von Jean W. Wagner, ca. 112 S., ca. 70 Zeichnungen, kartoniert, Spiralbindung, ca.* DM 16,80; Fr 16,80; S 134,–. Voraussichtl. Erscheinungstermin: August 1981.

**Tipps und Tapps** Maschinenschreib-Fibel für Kinder. (0274) Von Hanns Kaus, 48 S., farbige Abbildungen, kartoniert, DM 5,80; Fr 5,80; S 49,–.

**Stenografie** – leicht gemacht im Kursus oder Selbstunterricht. (0266) Von Hanns Kaus, 64 S., kartoniert, DM 5,80; Fr 5,80; S 49,–.

Mehr Erfolg in Schule und Beruf **Besseres Deutsch** mit Übungen und Beispielen für: Rechtschreibung, Diktate, Zeichensetzung, Aufsätze, Grammatik, Literaturbetrachtung, Stil, Briefe, Fremdwörter, Reden. (4115) Von Kurt Schreiner, 444 S., 7 s/w-Fotos, 27 Zeichnungen, Pappband, DM 29,80; Fr 29,80; S 238,–.

**Richtiges Deutsch** Rechtschreibung · Zeichensetzung · Grammatik · Stilkunde. (0551) Von Kurt Schreiner, 128 S., kartoniert, DM 9,80; Fr 9,80; S 78,–.

**Aufsätze besser schreiben** Förderkurs für die Klassen 4-10. (0429) Von Kurt Schreiner, 144 S., 4 s/w-Fotos, 27 Zeichnungen, kartoniert, DM 9,80; Fr 9,80; S 78,–.

**Diktate besser schreiben** Übungen zur Rechtschreibung für die Klassen 4-8. (0469) Von Kurt Schreiner, 149 S., kartoniert, DM 9,80; Fr 9,80; S 78,–.

**Schülerlexikon der Mathematik** Formeln, Übungen und Begriffserklärungen für die Klassen 5-10. (0430) Von Robert Müller, 176 ., 96 Zeichnungen, kartoniert, DM 9,80; Fr 9,80; S 78,–.

**Mathematische Formeln für Schule und Beruf** Mit Beispielen und Erklärungen, (0499) Von Robert Müller, 150 S., 210 Zeichnungen, kartoniert, DM 9,80; Fr 9,80; S 78,–.

**Rechnen aufgefrischt** für Schule und Beruf. (0100) Von Helmut Rausch, 144 S., kartoniert, DM 6,80; Fr 6,80; S 55,–.

**Aufgaben lösen und Spiele mit dem Taschenrechner** (5060) Von Peter Fleischhauer, 120 S., 55 Abbildungen, kartoniert, DM 9,80; Fr 9,80; S 78,–.

**Buchführung** leicht gefaßt. Ein Leitfaden für Handwerker und Gewerbetreibende. (0127) Von H. R. Pohl, 104 S., kartoniert, DM 7,80; Fr 7,80; S 65,–.

# Glückwünsche

**Neue Glückwunschfibel** für Groß und Klein. (0156) Von Reneé Christian-Hildebrandt, 96 S., kartoniert, DM 4,80; Fr 4,80; S 39,–.

**Glückwunschverse für Kinder** (0277) Von Bettina Ulrici, 80 S., kartoniert, DM 4,80; Fr 4,80; S 39,–.

**Poesiealbumverse** Heiteres und Besinnliches. (0578) Von Anne Göttling, ca. 128 S., mit vielen Zeichnungen, Pappband, ca.* DM 14,80; Fr 14,80; S 118,–. Voraussichtl. Erscheinungstermin: September 1981.

Rosen, Tulpen, Nelken . . . **Beliebte Verse fürs Poesiealbum** (0431) Von Waltraud Pröve, 96 S., mit Faksimile-Abbildungen, kartoniert, DM 5,80; Fr 5,80; S 49,–.

**Verse fürs Posiealbum** (0241) Von Irmgard Wolter, 96 S., 20 Abbildungen, kartoniert, DM 4,80; Fr 4,80; S 39,–.

**Kindergedichte zur Grünen, Silbernen und Goldenen Hochzeit** (0318) Von Hans-Jürgen Winkler, 104 S., 20 Abbildungen, kartoniert, DM 5,80; Fr 5,80; S 49,–.

# Denksport

**Rate mal** Scherzfragen, Ratespiele und -geschichten. (2023) Von Felicitas Buttig, 112 S.,19 Zeichnungen, kartoniert, DM 9,80; Fr 9,80; S 78,–.

**Knobeleien und Denksport** (2019) Von Klas Rechberger, 142 S., mit vielen Zeichnungen, kartoniert, DM 7,80; Fr 7,80; S 65,–.

**Denksport und Schnickschnack** für Tüftler und fixe Köpfe. (0362) Von Jürgen Barto, 100 S., 45 Abbildungen, kartoniert, DM 6,80; Fr 6,80; S 55,–.

**Quiz** Mehr als 1500 ernste und heitere Fragen aus allen Gebieten. (0129) Von R. Sautter und W. Pröve, 92 S., 9 Zeichnungen, kartoniert, DM 5,80; Fr 5,80; S 49,–.

**Der Würfel** Lösungswege · Mathematische Grundlagen · Varianten für Supertüftler. (0565) Von Josef Trajber, 144 S., 887 Diagramme, kartoniert, DM 6,80; Fr 6,80; S 55,– . (0585) als Pappband, DM 12,80; Fr 12,80; S 98,–.

**Der Würfel für Fortgeschrittene.** Neue Züge · Neue Muster · 3-D-Logikspiele. Mit Lösungswegen für Walzenwürfel und Teufelstonne. (0590) Von Josef Trajber, ca. 144 S., hunderte von Diagrammen, kartoniert, DM 6,80; Fr 6,80; S 55,–. Voraussichtl. Erscheinungstermin: August 1981.

**Rätselspiele, Quiz- und Scherzfragen** für gesellige Stunden. (0577) Von K. H. Schneider, ca. 168 S., ca. 50 Zeichnungen, Pappband, ca.* DM 16,80; Fr 16,80; S 134,–. Voraussichtl. Erscheinungstermin: September 1981.

**Der große Rätselknacker** Über 100.000 Rätselfragen. (4022) Zusammengestellt von H. J. Winkler, 544 S., kartoniert, DM 19,80; Fr 19,80; S 158,–.

# Humor

**Vergnügliche Sketche** (0476) Von Horst Pillau, 96 S., mit lustigen Zeichnungen, kartoniert, DM 6,80; Fr 6,80; S 65,–.

**Heitere Vorträge** (0528) Von Erich Müller, 182 S., 14 Zeichnungen, kartoniert, DM 9,80; Fr 9,80; S 78,–.

**Die große Lachparade** Neue Texte für heitere Vorträge und Ansagen. (0188) Von Erich

Müller, 108 S., kartoniert, DM 6,80; Fr 6,80; S 55,–.

**So feiert man Feste fröhlicher** Heitere Vorträge und Gedichte. (0098) Von Dr. Allos, 96 S., 15 Abbildungen, kartoniert, DM 5,80; Fr 5,80; S 49,–.

**Fidelitas und Trallala** Vorschläge zur Gestaltung fröhlicher Abende. (0120) Von Dr. Allos, 104 S., viele Abbildungen, kartoniert, DM 7,80; Fr 7,80; S 65,–.

**Lustige Vorträge für fröhliche Feiern** Sketche, Vorträge und Conferencen für Karneval und fröhliche Feste. (0284) Von Karl Lehnhoff, 96 S., kartoniert, DM 6,80; Fr 6,80; S 55,–.

**Non Stop Nonsens** Sketche und Witze mit Spielanleitungen. (0511) Von Dieter Hallervorden, 160 S., gebunden, DM 14,80; Fr 14,80; S 118,–.

**Dalli-Dalli-Sketche,** aus dem heiteren Ratespiel mit Hans Rosenthal. (0527) Von Horst Pillau, 144 S., 18 Zeichnungen, kartoniert, DM 9,80; Fr 9,80; S 78,–.

**Rings um den Karneval** Karnevalsscherze und Büttenreden. (0130) Von Dr. Allos, 136 S., kartoniert, DM 6,80; Fr 6,80; S 55,–.

**Damen in der Bütt** Scherze, Büttenreden, Sketche. (0354) Von Traudi Müller, 136 S., kartoniert, DM 6,80; Fr 6,80; S 55,–.

**Die besten Witze und Cartoons des Jahres 1** (0454) Herausgegeben von Karl Hartmann, 288 S., 125 Zeichnungen, gebunden, DM 14,80; Fr 14,80; S 118,–.

**Humor und Stimmung** Ein heiteres Vortragsbuch. (0460) Von Günter Wagner, 112 S., kartoniert, DM 6,80; Fr 6,80; S 55,–.

**Tolle Sachen zum Schmunzeln und Lachen** Lustige Ansagen und Vorträge. (0163) Von Erich Müller, 92 S., kartoniert, DM 6,80; Fr 6,80; S 55,–.

**Sketche und spielbare Witze** für bunte Abende und andere Feste. (0445) Von Hartmut Friedrich, 120 S., 7 Zeichnungen, kartoniert, DM 6,80; Fr 6,80; S 55,–.

**Die besten Witze und Cartoons des Jahres 2** (0488) Herausgegeben von Karl Hartmann, 288 S., 148 Zeichnungen, gebunden, DM 14,80; Fr 14,80; S 118,–.

**Die besten Witze und Cartoons des Jahres 3** (0524) Herausgegeben von Karl Hartmann, 288 S., 105 Zeichnungen, Pappband, DM 14,80; Fr 14,80; S 118,–.

**Die besten Witze uns Cartoons des Jahres 4** (0579) Herausgegeben von Karl Hartmann, ca. 288 S., ca. 120 Zeichnungen, Pappband, ca.* DM 9,80; Fr 9,80; S 78,–. Voraussichtl. Erscheinungstermin: September 1981.

**Das große Buch der Witze** (0384) Von E. Holz, 320 S., 36 Zeichnungen, gebunden, DM 12,80; Fr 12,80; S 98,–.

**Witze am laufenden Band** (0461) Von Fips Asmussen, 118 S., kartoniert, DM 5,80; Fr 5,80; S 49,–.

**Witzig, witzig** (0507) Von Erich Müller, 128 S., 16 Zeichnungen, kartoniert, DM 5,80; Fr 5,80; S 49,–.

**Die besten Ärztewitze** (0399) Zusammengestellt von Britta Zorn, 272 S., mit 42 Karikaturen von Ulrich Fleischhauer, gebunden, DM 14,80; Fr 14,80; S 118,–.

**Die besten Beamtenwitze** (0574) Herausgegeben von Waltraud Pröve, ca. 112 S., ca. 45 Zeichnungen, kartoniert, DM 5,80; Fr 5,80; S 49,–. Voraussichtl. Erscheinungstermin: August 1981.

Horror zum Totlachen **Gruselwitze** (0536) Von Franz Lautenschläger, 96 S., 44 Zeichnungen, kartoniert, DM 5,80; Fr 5,80; S 49,–.

Ich lach mich kaputt! **Die besten Kinderwitze** (0545) Von Erwin Hannemann, 128 S., 15 Zeichnungen, kartoniert, DM 5,80; Fr 5,80; S 49,–.

**Lach mit** Witze für Kinder, gesammelt von Kindern. (0468) Herausgegeben von Waltraud Pröve, 128 S., 17 Zeichnungen, kartoniert, DM 5,80; Fr 5,80; S 49,–.

**Olympische Witze** Sportlerwitze in Wort und Bild. (0505) Von Wolfgang Willnat, 112 S., 126 Zeichnungen, kartoniert, DM 5,80; Fr 5,80; S 49,–.

**Die besten Ostfriesenwitze** (0495) Herausgegeben von Onno Freese, 112 S., 17 Zeichnungen, kartoniert, DM 5,80; Fr 5,80; S 49,–.

**Die besten Tierwitze** (0496) Herausgegeben von Peter Hartlaub und Sylvia Pappe, 112 S., 25 Zeichnungen, kartoniert, DM 5,80; Fr 5,80; S 49,–.

**O frivol ist mir am Abend** Pikante Witze von Fred Metzler. (0388) Von Fred Metzler, 128 S., mit Karikaturen, kartoniert, DM 5,80; Fr 5,80; S 49,–.

**Humoristischer Hausschatz** (3062) Von Wilhelm Busch, 368 S., 1600 Abbildungen, Großformat, Pappband, DM 19,80; Fr 19,80; S 158,–.

## Geselligkeit

**Die schönsten Wander- und Fahrtenlieder** (0462) Herausgegeben von Franz R. Miller, empfohlen vom Deutschen Sängerbund, 80 S., mit Noten und Zeichnungen, kartoniert, DM 5,80; Fr 5,80; S 49,–.

**Die schönsten Volkslieder** (0432) Herausgegeben von Dietmar Walther, 128 S., mit Noten und Zeichnungen, kartoniert, DM 4,80; Fr 4,80; S 39,–.

**Die schönsten Berg- und Hüttenlieder** (0514) Herausgegeben von Franz R. Miller, empfohlen vom Deutschen Sängerbund, 104 S., mit Noten und Zeichnungen, kartoniert, DM 5,80; Fr 5,80; S 49,–

**Wir lernen tanzen** Standard- und lateinamerikanische Tänze. (0200) Von Ernst Fern, 168 S.,118 s/w-Fotos, 47 Zeichnungen, kartoniert, DM 9,80; Fr 9,80; S 78,–.

**Tanzstunde 1** Die 11 Tänze des Welttanzprogrammes. (5018) Von Gerd Hädrich, 120 S.,372 s/w-Fotos und Schrittskizzen, Pappband, DM 15,–; Fr 15,–; S 120,–

**Tanzstunde** Für Fortgeschrittene. Mit Anhang Disco-Tänze. (5027) Von Gerd Hädrich, 88 S., 233 Abbildungen, Pappband, DM 12,–; Fr 12,–; S 95,–.

**Disco-Tänze** (0491) Von Barbara und Felicitas Weber, 104 S., 104 Abbildungen, kartoniert, DM 6,80; Fr 6,80; S 55,–.

**So tanzt man Rock'n'Roll** Grundschritte Figuren · Akrobatik. (0573) Von Wolfgang Steuer und Gerhard Marz, ca. 100 S., über 120 Fotos und Schrittdiagramme, kartoniert, ca.* DM 8,80; Fr 8,80; S 70,–. Voraussichtl. Erscheinungstermin: Oktober 1981.

**Neue Spiele für Ihre Party** (2022) Von Gerda Blechner, 120 S., 54 Zeichnungen von Fee Buttig, kartoniert, DM 7,80; Fr 7,80; S 65,–.

**Partytänze · Partyspiele** (5049) Von Wally Kaechele, 94 S., 104 Farbfotos, herausgegeben von der „tanz-illustrierten", Pappband, DM 12,80; Fr 12,80; S 98,–.

# Spielen

**Spieltechnik im Bridge** (2004) Von Victor Mollo und Nico Gardener, deutsche Adaption von Dirk Schröder, 216 S., kartoniert, DM 16,80; Fr 16,80; S 134,–.

**Besser Bridge spielen** Reiztechnik, Spielverlauf und Gegenspiel. (2026) Von Josef Weiss, 143 S., mit vielen Diagrammen, kartoniert, DM 14,80; Fr 14,80; S 118,–.

**Spiele für Theke und Stammtisch** (2021) Von Claus D. Grupp, 104 S., 27 Zeichnungen, kartoniert, DM 6,80; Fr 6,80; S 55,–.

**Glücksspiele** mit Kugel, Würfel und Karten. (2013) Von Claus D. Grupp, 116 S., kartoniert, DM 9,80; Fr 9,80; S 78,–.

**Dame** Das Brettspiel in allen Variationen. (2028) Von Claus D. Grupp, 104 S., viele Diagramme, kartoniert, DM 9,80; Fr 9,80; S 78,–.

**Das japanische Brettspiel GO** (2020) Von Winfried Dörholt, 104 S., 182 Diagramme, kartoniert, DM 9,80; Fr 9,80; S 78,–.

Falken-Handbuch **Spielen** für drinnen und draußen, für jung und alt. (4034) Von Heinz Görz, 430 S., 370 farbige Zeichnungen, gebunden, DM 36,–; Fr 36,–; S 288,–.

Falken-Handbuch **Zaubern** Über 400 verblüffende Tricks. (4063) Von Friedrich Stutz, 368 S., über 1200 Zeichnungen, gebunden, DM 29,80; Fr 29,80; S 238,–.

**Zaubertricks** Das große Buch der Magie. (0282) Von Jochen Zmeck, 244 S., 113 Abbildungen, kartoniert, DM 14,80; Fr 14,80; S 118,–.

**Rommé und Canasta** in allen Variationen. (2025) Von Claus D. Grupp, 124 S., 24 Zeichnungen, kartoniert, DM 7,80; Fr 7,80; S 65,–.

**Schafkopf, Doppelkopf, Binokel, Cego, Gaigel, Jaß, Tarock und andere „Lokalspiele".** (2015) Von Claus D. Grupp, 152 S., kartoniert, DM 9,80; Fr 9,80; S 78,–.

**Das Skatspiel** Eine Fibel für Anfänger. (0206) Von Karl Lehnhoff, überarbeitet von P. A. Höfges, 96 S., kartoniert, DM 5,80; Fr 5,80; S 49,–.

**Alles über Skat** (2005) Von Günter Kirschbach, 144 S., kartoniert, DM 8,80; Fr 8,80; S 70,–.

**Würfelspiele** für jung und alt. (2007) Von Friedrich Puss, 112 S., kartoniert, DM 7,80; Fr 7,80; S 65,–.

**Mini-Spiele** für unterwegs und überall. (2016) Von Irmgard Wolter, 152 S., kartoniert, DM 9,80; Fr 9,80; S 78,–.

**Backgammon** für Anfänger und Könner. (2008) Von G.W. Fink und G. Fuchs, 116 S., 41 Abbildungen, kartoniert, DM 9,80; Fr 9,80; S 78,–.

**Kartenspiele** (2001) Von Claus D. Grupp, 144 S., kartoniert, DM 7,80; Fr 7,80; S 65,–.

**Neues Buch der siebzehn und vier Kartenspiele** (0095) Von Karl Lichtwitz, 96 S., kartoniert, DM 6,80; Fr 6,80; S 55,–.

**Alles über Pokern** Regeln und Tricks. (2024) Von Claus D. Grupp, 120 S., 29 Kartenbilder, kartoniert, DM 6,80; Fr 6,80; S 55,–.

**Kartentricks** (2010) Von T. A. Rosee, 80 S., 13 Zeichnungen, kartoniert, DM 6,80; Fr 6,80; S 55,–.

**Neue Kartentricks** (2027) Von Klaus Pankow, 104 S., 20 Abbildungen, kartoniert, DM 7,80; Fr 7,80; S 65,–.

**Gesellschaftsspiele** für drinnen und draußen. (2006) Von Heinz Görz, 128 S., kartoniert, DM 6,80; Fr 6,80; S 55,–.

**Spielend Schach lernen** (2002) Von Theo Schuster, 128 S., kartoniert, DM 6,80; Fr 6,80; S 55,–.

**Schach für Fortgeschrittene** Taktik und Probleme des Schachspiels. (0219) Von Rudolf Teschner, 96 S., 85 Schachdiagramme, kartoniert, DM 5,80; Fr 5,80; S 49,–.

**Schach dem Weltmeister Karpow** (0433) Von Theo Schuster, 164 S., 19 Abbildungen, 83 Diagramme, kartoniert, DM 12,80; Fr 12,80; S 98,–.

**Neue Schacheröffnungen** (0478) Von Theo Schuster, 108 S., 100 Diagramme, kartoniert, DM 8,80; Fr 8,80; S 70,–.

**Kinder- und Jugendschach** Offizielles Lehrbuch zur Erringung der Bauern-, Turm- und Königsdiplome des Deutschen Schachbundes. (0561) Von B. J. Withuis und Dr. H. Pfleger, 144 S., 11 s/w-Fotos, 212 Zeichnungen und Diagramme, kartoniert, DM 12,80; Fr 12,80; S 98,–.

# Kinder beschäftigung

**Das farbige Kinderlexikon von A–Z** (4059) Herausgegeben von Felizitas Buttig, 392 S., 386 farbige Abbildungen, Pappband, DM 29,80; Fr 29,80; S 238,–.

**Das große farbige Bastelbuch** (4018) Von Friederike Baresel-Anderle, 240 S., über 300 farbige Abbildungen, Pappband, DM 19,80; Fr 19,80; S 158,–.

**Neues farbiges Bastelbuch** (4084) Von Friederike Baresel-Anderle, 248 S., 292 Farbtafeln, 123 Zeichnungen, Pappband, DM 19,80; Fr 19,80; S 158,–.

**Punkt, Punkt, Komma, Strich** Zeichenstunde für Kinder. (0564) Von Hans Witzig, 144 S., über 250 Zeichnungen, kartoniert, DM 6,80; Fr 6,80; S 55,–.

**Das bunte Rätselbuch für Kinder** (4065) Von Felicitas Buttig, 120 S., mit über 100 vierfarbigen Zeichnungen, Pappband, DM 19,80; Fr 19,80; S 158,–.

**Scherzfragen, Drudel und Blödeleien** gesammelt von Kindern. (0506) Herausgegeben von Waltraud Pröve, 112 S., 57 Zeichnungen, kartoniert, DM 5,80; Fr 5,80; S 49,–.

**Kartenspiele für Kinder** (0533) Von Claus D. Grupp, 136 S., 24 Abbildungen, kartoniert, DM 6,80; Fr 6,80; S 55,–.

**Kinder lernen spielend backen** (5110) Von Margrit Gutta, 64 S., 50 Farbfotos, Pappband, DM 9,80; Fr 9,80; S 78,–.

**Kinder lernen spielend kochen** (5096) Von Margrit Gutta, 64 S., 45 Farbfotos, Pappband, DM 9,80; Fr 9,80; S 78,–.

**Lirum, Larum, Löffelstiel** Ein Kinder-Kochkurs. (5007) Von Ingeborg Becker, 64 S., mit vielen farbigen Abbildungen, Spiralbindung, DM 9,80; Fr 9,80; S 78,–.

**Kinderspiele** die Spaß machen. (2009) Von Helen Müller-Stein, 112 S., 28 Abbildungen, kartoniert, DM 6,80; Fr 6,80; S 55,–.

**Spiele für Kleinkinder** (2011) Von Dieter Kellermann, 80 S., kartoniert, DM 5,80; Fr 5,80; S 49,–.

**Kinderfest** daheim und in Gruppen. (4033) Von Gerda Blecher, 240 S., 320 Abbildungen, gebunden, DM 24,80; Fr 24,80; S 198,–.

**Kindergeburtstag** Vorbereitung, Spiel und Spaß. Mit vielen Spiel- und Beschäftigungsvorschlägen. (0287) Von Dr. Ilse Obrig, 104 S., 40 Abbildungen, 11 Zeichnungen, 9 Lieder mit Noten, kartoniert, DM 5,80; Fr 5,80; S 49,–.

# Rat und Wissen für die ganze Familie

**Falken Astrologischer Kalender** Ihr Glück und Schicksal 1982. Der persönliche Wegweiser für Liebe und Erfolg, Chancen und Gefahren, mit Tips für Gesundheit, Lotto, Hobby und Talismane. Neu: Tendenzen für alle 144 Aszendenten. (0559) Von B. A. Mertz, ca. 192 S., über 100 Zeichnungen und Fotos, kartoniert, ca.* DM 9,80; Fr 9,80; S 78,–. Voraussichtl. Erscheinungstermin: August 1981.

**Aztekenhoroskop** Deutung von Liebe und Schicksal nach dem Aztekenkalender. (0543) Von Christa-Maria und Richard Kerler, 160 S.,20 Zeichnungen, Pappband, DM 9,80; Fr 9,80; S 78,–.

**Die 12 Sternzeichen im chinesischen Horoskop** (0423) Von Georg Haddenbach, 128 S., Pappband, DM 9,80; Fr 9,80; S 78,–.

**Das Super-Horoskop** Der neue Weg zur Deutung von Charakter, Liebe und Schicksal nach chinesischer und abendländischer Astrologie. Ein Leitfaden für alle, die mehr über sich und ihre Mitmenschen wissen wollen. (0465) Von Georg Haddenbach, 175 S., Pappband, DM 9,80; Fr 9,80; S 78,–.

**Wenn Sie ein Kind bekommen** (4003) Von Ursula Klamroth, 240 S., 86 s/w-Fotos, 30 Zeichnungen, gebunden, DM 19,80; Fr 19,80; S 158,–.

**Das Babybuch** Pflege · Ernährung · Entwicklung. (0531) Von Annelore Burkert, 136 S., 8 Farbtafeln, zahlreiche s/w-Fotos, kartoniert, DM 12,80; Fr 12,80; S 98,–.

**Wie soll es heißen?** (0211) Von D. Köhr, 136 S., kartoniert, DM 5,80; Fr 5,80; S 49,–.

**Sexualberatung** (0402) Von Dr. Marianne Röhl, 168 S., 8 Farbtafeln, 17 Zeichnungen, Pappband, DM 19,80; Fr 19,80; S 158,–.

**Umgangsformen heute** Die Empfehlungen des Fachausschusses für Umgangsformen. (4015) 312 S., 167 s/w-Fotos und 44 Abbildungen, gebunden, DM 24,–; Fr 24,–; S 192,–.

**Der gute Ton** Ein moderner Knigge. (0063) Von Irmgard Wolter, 168 S., 38 Zeichnungen, kartoniert, DM 7,80; Fr 7,80; S 65,–.

Falls durch besondere Umstände Preisänderungen notwendig werden, erfolgt Auftragserledigung zu dem bei der Lieferung gültigen Preis.

# Bestellschein

FALKEN VERLAG

Erfüllungsort und Gerichtsstand für Vollkaufleute ist der jeweilige Sitz der Lieferfirma. Für alle übrigen Kunden gilt dieser Gerichtsstand für das Mahnverfahren.
Ich bestelle hiermit aus dem Falken Verlag GmbH, Postfach 1120, D-6272 Niedernhausen/Ts., durch die Buchhandlung:

Ex. ____________________

Ex. ____________________

Ex. ____________________

Ex. ____________________

Name: ____________________

Straße: ____________________ Ort: ____________________

Datum: ____________________ Unterschrift: ____________________